培养了不起的女孩

彩虹糖童书馆◎编

航空工业出版社
北京

内容提要

本书精选了丰富的教育案例，深入剖析女孩成长路上的种种挑战，从家庭、沟通、独立等维度细致解读。它不仅全面揭示了如何培养女孩独特的个性与心理奥秘，更针对常见问题，提供了精准而贴心的成长指南，助力女孩们自信绽放，优雅前行。

图书在版编目（CIP）数据

培养了不起的女孩 / 彩虹糖童书馆编 . -- 北京：航空工业出版社，2024.11.--ISBN978-7-5165-3852-4

I.G78

中国国家版本馆 CIP 数据核字第 2024AC5479 号

培养了不起的女孩

Peiyang Liaobuqi de Nühai

航空工业出版社出版发行

（北京市朝阳区京顺路 5 号曙光大厦 C 座四层　100028）

发行部电话：010-85672688　　010-85672689

唐山楠萍印务有限公司印刷　　全国各地新华书店经售

2024 年 11 月第 1 版　　2024 年 11 月第 1 次印刷

开本：787 × 1092　1/16　　字数：120 千字

印张：11　　定价：58.00 元

foreword

前　言

女孩，宛如晨曦中绽放的第一缕温柔光芒，常被喻为上天赋予父母最珍贵的礼物。她们携带着世间最纯粹的美好——善良如清泉，美丽若朝霞，纯洁似初雪，天真犹童梦，温柔宛如春日微风，轻轻拂过心田。在无数父母的眼中，自己的女儿不仅是优雅的公主，在梦幻的城堡中翩翩起舞，更是端庄贤淑的女神，以她们独有的光芒，照亮家庭的每一个角落。

然而，正如鲜花需园丁细心浇灌，美玉待工匠精心雕琢，女孩的成长之路亦需父母倾注无尽的心血与智慧。家庭，作为她们最初也是最持久的课堂，其影响力深远而持久。在这里，女孩不仅学会了如何与世界初识，更在父母的一言一行中，悄然构建起自己的道德观与人生观。父母的生活态度、工作热情、人际交往的方式，乃至面对困难与挑战时的坚韧与乐观，都如同种子般深植于女孩的心田，生根发芽，影响着她们未来的人生轨迹。

母爱，如同温暖的阳光，给予女孩无尽的抚慰与关怀，让她们在爱的包围中学会同情与理解；而父爱，则如同巍峨的山峰，以其独有的自立、勇敢、逻辑思维与活动能力，为女孩树立了榜样，激励着她们在成长的道路上勇往直前，不断超越自我。父母双方的合力，如同双翼，让女孩在爱的天空中自由翱翔，探索未知的世界。

在培养女孩的过程中，父母的角色不仅仅是教导者，更是引路人与伙伴。他们需细心观察，通过女儿的一言一行，洞悉其内心世界，理解其成长中的烦恼与困惑。在此基础上，父母应运用智慧，因势利导，因材施教，以建设性的关爱方式，引导女孩发现自己的潜能，鼓励她们勇敢追求梦想，同时教会她们如何在复杂多变的社会中保持自我，优雅前行。

本书便是一本专为女孩成长量身定制的指南。它汇集了丰富的教育案例，从家庭环境、沟通技巧、独立能力培养、学习方法、赏识教育、尊重意识、人缘建立、品质塑造到适度宠爱等多个维度，全面剖析了女孩在成长过程中可能遇到的各种问题与挑战。书中不仅揭示了女孩独特的个性特征与心理需求，还针对女孩特有的性别优势与成长规律，提出了一系列切实可行的建议与策略，旨在帮助父母更好地理解女儿，成为她们成长路上的坚实后盾与智慧导师。

通过阅读本书，父母将掌握科学而充满温情的教育之道，引领女儿跨越成长的每一道门槛。书中传授的智慧，使父母能够细腻地陪伴女儿，从童年的纯真无邪，逐步迈向青春的成熟与独立。这一过程，不仅是女孩自我发现与成长的旅程，也是父母以爱为舟、以期望为帆，共同驶向美好未来的航程。

contents

目　录

第三章 独立——家长不再干涉，女儿独立能力飙升

第四章 学习——觉醒吧！别让学习成为枷锁

第五章 赏识——每一点儿成功都值得被看见

第九章 宠爱——从良师到益友，解锁女孩成长“双保险”

第一章

家——重新定义女孩成长的无限可能

家是一所学校，父母是孩子的第一任老师。父母不只是让孩子吃穿不愁，有书读，同样有教他、育他的职责。父母所做的一切都会对孩子产生积极或消极的影响，他们的言行、思想、决策等都将严重影响孩子的未来。

家庭圆桌

请认真思考是否做过以下事情，做过的画“√”，没做过的画“×”。

① 为女儿提供了一个温馨幸福的家。(　　)

② 经常抽出时间陪伴女儿。(　　)

③ 曾经和女儿度过一个完整的假期。(　　)

④ 引导女儿体会劳动的辛苦。(　　)

⑤ 帮助女儿提高学习成绩。(　　)

一个稳定的家庭环境会让女孩感到安全和舒适，有利于她的成长和发展。想要建立这样的家庭环境，需要父母付出很多努力，比如尽可能地减少家庭冲突，保持温馨和谐的氛围等。

谁说公主只能住在城堡，女孩可以做自己的女王！

一个幸福的家对孩子成长的重要性不言而喻。家是孩子最初接触社会的场所，也是他们塑造性格、培养情感和价值观的摇篮。在幸福的家庭中，孩子能够感受到温暖、支持和爱。这些是孩子成长过程中不可或缺的养分。

女儿出生之后，我便和老公商定要把教育她作为一件大事来认真对待。除了照顾女儿的生活，更要注重女儿心理上的教育。

我和女儿的关系非常好，她经常要我陪她学习，陪她玩耍，陪她入睡。可是我上班一天后又忙又累，大多数时候都没做到，因此对她愧疚不已。有一天晚上，女儿跑进我的卧室，对我说："妈妈，求求你了，陪我睡会儿吧！""好！"我答应后躺在她身边，搂着她。

第二天是星期天，我决定陪女儿到海边去玩儿。我们玩球、挖沙子、捡贝壳，做一切在海边能做的事。一天下来，我已精疲力尽，女儿也累了，但是我们感到非常快乐。

其实，女孩的心是最不容易满足，也是最容易满足的。只要你能给她一个和睦的家庭，给她理解、关心与疼爱，多陪伴她，满足她的合理愿望，她那颗小小的心就会欢呼雀跃。

教育札记

1. 给孩子营造一个温馨的港湾

在孩子的成长旅程中，父母的角色是至关重要的。他们不仅是孩子的启蒙老师，更是孩子情感世界的建造者。因此，父母应当致力于营造一个充满爱、理解与支持的家庭环境，让这份关爱如同温暖的阳光，穿透孩子心灵的每一个角落。

父母应该给予孩子更多关爱，而不是指责。父母应该好好地呵护与孩子之间这份珍贵的情感，让孩子在家庭中感受到温暖，给孩子一个心灵停靠的港湾。

2. 管束不应太过严格

中国有句古训叫作“严师出高徒”。这句古训本身没错，但很多父母在运用时伤害了孩子，有的甚至毁了孩子的一生。

为了让孩子学有所成，父母对孩子实施一定的管束是十分必要的，但要做到管之有方、管之得法、管之有度。父母对孩子的管束决不是越严苛越好，而是要放与管相宜。正如幼苗需要自由的空气和灿烂的阳光一样，否则，再好的幼苗也不能吐露芬芳，再聪明的孩子也不能健康成长。

成长密钥

幸福的家庭不仅有助于孩子形成健全的人格，还有助于孩子建立良好的人际关系，最重要的是它能够为孩子提供情感支持。一个幸福的家对孩子的成长具有深远的影响。因此，作为父母要为孩子营造一个温暖、和谐的家庭环境。

秒杀所有玩具！陪伴即“豪礼”

父母是孩子的第一任老师。父母的言传身教对孩子的成长具有深远的影响。在家里，父母是孩子最亲密的伙伴和最大的支持者。父母陪伴他们度过人生中每一个重要的时刻，分享他们的喜悦与忧愁，这份陪伴和关爱将成为孩子成长路上最宝贵的财富。通过陪伴，父母能够传授给孩子正确的价值观、人生观和道德观，塑造孩子正向的世界观与人生方向。

我是一个电影制作人，与前妻离婚时，女儿只有 7 岁。从此，她与远在湖南的奶奶相依为命。几年过去，我不仅没有去看她，甚至连电话都很少打给她。

五年后的一天，我从北京踏上了回家乡的旅程。当见到已经长大的女儿时，我想要拉她的手，可她飞快地躲开了。她冷冷地看着我，一言不发，我这才知道自己与女儿之间的隔阂有多深。

为了消除与女儿之间的隔阂，回到北京后，我经常给她打电话、寄学习用品、买课外读物。我还主动就女儿的教育和成长问题给前妻打电话，和她沟通。

暑假的时候，我打电话要女儿来剧组玩儿。一开始，女儿不愿来。前妻觉得这是我们父女之间消除隔阂的好机会，便把女儿送到了北京，让我带到了剧组。

我暗暗发誓，一定要和女儿好好相处，以弥补我对她的亏欠。于是一有空，我就陪伴在女儿身边，询问她的生活、学习情况，了解她的想法。十多年来，我们父女俩从来没有说过这么多话。

经过两个月的朝夕相处，女儿似乎对我有了些了解，她和我之间的隔阂终于一点点地消融。回到湖南，女儿在作文里写道：“……谁说爸爸不关心我，谁说爸爸不爱我，虽然我和爸爸在一起的时间不长，但从他对我的照顾中，我深深体会到了爸爸对我的感情。现在，我要对所有人说：我有一位可敬可亲的好爸爸……”

教育札记

1. 时刻关心孩子的成长

作为父母，我们应当时刻关心孩子的成长，不仅关注他们的身体健康，还要重视他们的心理健康与情感需求。孩子的成长是一个复杂而细腻的过程，需要我们用心倾听他们的声音，理解他们的想法，给予他们足够的关爱与支持。在成长的道路上，我们要成为他们的引路人，陪伴他们面对挑战，鼓励他们勇敢前行，让他们的童年充满阳光与快乐。

2. 用爱心化解孩子的冷漠

有人说亲子之间是“血浓于水”的关系，这种关系是不讲任何索取和回报的。不管父母身居何位，也不管孩子有无成就，做父母的总是希望孩子能与自己融洽相处。

可是出于种种原因，亲子之间也最容易产生隔阂与矛盾。比如，父母长期在外或是父母离异，父母与子女之间相处很少，其情感自然无法得到培养和滋润，孩子对父母产生冷漠之感也是很正常的事情。因此，作为父母，应该珍惜相聚的机会，用理解与包容去填补亲情的缝隙，让爱成为最坚实的桥梁，连接起父母与孩子之间那份血浓于水的深情。

3. 安排专门的时间和孩子一起活动

父母可以安排专门的时间和女儿共同参与活动，如一起阅读、看电影、参加户外活动等，在陪伴的过程中增进亲子之间的默契和感情。这样的陪伴不仅能够改善父母与女儿的关系，也能让女儿感受到来自家庭的温暖和父母的关爱，还能培养她的社交能力、创造力和自信心。

成长密钥

在现代社会，由于生活节奏快，许多父母常常忙于工作，忽略了与孩子的亲密互动和陪伴。作为父母，要多抽时间陪女儿。要明白，良好的亲子关系不仅需要物质上的满足，更需要心灵上的沟通和交流。通过与女儿共度时光，父母能够更深入地了解女儿的兴趣爱好、思想动态和成长需求，及时为她们提供有针对性的指导和帮助。

孩子的世界，是父母一脚一脚踩出来的。

快乐假期，孩子成长必备良药！

父母与女儿一起度假，不仅能够享受休闲时光，更是一次宝贵的亲子互动机会。这样的度假经历对女儿的成长以及亲子关系的培养有着深远的影响。

自从女儿上小学，我们除了让她完成老师布置的作业，从来不给她布置其他作业，也不用各种培训班来“束缚”她。更多的是，让她自己去支配时间。

每当寒暑假到了，无论是走亲访友还是买东西，无论是参加音乐会还是看戏，我们都带着她。另外，我们还经常带她去参观博物馆、美术馆、动物园、植物园、工厂、矿山、医院和保育院等，以开阔她的视野、丰富她的知识。每次参观回来，我们都会让女儿给爷爷奶奶或邻居朋友们讲一讲她的见闻。因此，女儿在参观时总是用心观察，认真听我们或者导游的讲解。

女儿8岁时，我们就开始带她到各地旅游。女儿12岁时，我们几乎游遍了中国。我们在旅途中，既登山，也游览名胜；既寻找古迹，也凭吊古战场。每到一个地方，我们都会让女儿认真听、认真观察、认真玩儿，回到家里她会把所见所闻写在记事本里，还会讲给爷爷奶奶或者她的同学听。

久而久之，女儿的眼界开阔了，知识丰富了，语言表达能力提升了，人也变得越来越自信、大方。她的这些变化不仅让她在学校中脱颖而出，更让她在生活中勇于尝试新事物，面对困难时更加从容不迫，未来充满了无限的可能与希望。

教育札记

1. 安排孩子学习一些新知识

经过一个学期紧张的学习，孩子们需要一段时间来休息和放松，以恢复体力和精神。寒暑假提供了这样的机会。孩子们可以暂时远离学习的压力，调整身心状态。在此期间，孩子们可以去追求自己的兴趣爱好，如阅读、旅行、运动、艺术、音乐等。这不仅有助于他们得到全面发展，还可以让他们接触和学习新的知识。作为父母，我们应该充分利用寒暑假这段时间，与孩子共同规划，与他们共同度过一个充实、有意义的假期。

2. 做好督导和检查

在假期，让孩子自己安排学习和生活，这是培养孩子自主安排时间和做计划的能力。这个能力对于他们未来的独立学习和工作至关重要。

当然，父母可以做好每天的督导和检查工作。待孩子养成习惯后，父母就可以慢慢放开了，让孩子自己管理自己。

3. 加强孩子的身体锻炼

身体的好坏直接关系到孩子一生的幸福，直接关系到孩子一生的发展。17岁以前是孩子身体发育的关键时期。因此，在假期，家长要多带着孩子进行户外锻炼，同时也要鼓励孩子多参加体育活动。

4. 注意孩子情感的培养

情感需求是人类行为的动力源泉。现在许多家长比较注意孩子的物质需求，而忽视孩子的情感需求。一个只讲需求不讲情感的人，多半是个很危险的人，是个为达目的不择手段的人，是个损人利己的人。

假期孩子与家长近距离接触的时间较多，是对孩子进行情感教育的良好机会。寒假正赶上过年，一家老小团团圆圆，亲友之间其乐融融。这个时候家长一定要注意对孩子的情感培养，要让孩子学会尊老爱幼，学会忍让宽容，学会和睦相处，学会待人接物。暑假孩子也会经常与老师、同学以外的人接触，同样是进行情感教育的好机会。

成长密钥

父母与女儿一起度假不仅能够加强父母与女儿之间的情感联系，还有助于女儿建立积极的价值观和人生观，更重要的是能够让她感受到家庭的温暖和支持。作为父母，我们应该珍惜这样的机会，与女儿共同创造美好的回忆，为她的幸福人生奠定坚实的基础。

别做完美父母，给女孩“犯错”的自由空间

允许孩子犯错是明智的父母应秉持的教育理念。在成长的道路上，错误与挫折不可避免，它们是孩子成长的催化剂，能够帮助孩子积累经验。为了孩子茁壮成长，在教育孩子的过程中，父母要多一些平和，少一些苛刻；多一些引导，少一些说教。

傍晚，我接到女儿的班主任的电话，说她在学校花钱请同学吃饭，问我是怎么回事儿。

女儿放学回来后，我问她，是不是请同学吃饭了？

女儿吓了一跳，支支吾吾地说：“是这样的爸爸，我前几天刚当上中队长，同学们让我请客。”

“他们让你请，你就请了。你这么听他们的话啊。”我说道。

“他们也请过我，我不好意思不请人家。”女儿说。

“那你请客的钱是从哪里来的呢？”

“是……是从您的钱包里拿的。”女儿的声音小得像蚊子嗡嗡。

“我的钱包？你怎么找到我的钱包的？”

“趁您洗澡的时候，从您上衣口袋里拿的，拿了100块。”女儿小声地说道。

我非常生气，本来想发火，最后还是忍住了，对她说：“你知道自己错在哪里了吗？”

“我……我不该拿您的钱。”

“同学们让你请客，你没有钱怎么请呢？”我问她。

“这……我也不知道。”

“孩子，你们还小，在学校里的主要任务是学习，不要学社会上互相请

客的坏习气。再说，虽然你拿的是我的钱，可这也是不好的行为，这些你知道吗？”我语重心长地说。

“我知道了。”女儿真诚地说。

“还有，以后你碰到这种事情应该诚实地告诉我和你妈妈，不应该瞒着我们去请同学吃饭，更不应该偷偷从我的钱包里拿钱。如果你事先告诉我们，我们会和你一起想办法的。这样不是更好吗？”

“我以后一定不会这么做了。”

“好吧，爸爸相信你，知错就改还是好孩子。你看这样好吗？以后我会每天给你三块钱作为零花钱，但是你需要花钱的时候，一定要征得我和你妈妈的同意；然后你要把花钱的情况做好记录，我们每周检查一次，如果发现你忘记记录或者记得不清楚，就要取消你一周的零花钱，可以吗？”

“真的吗？我以后可以有零花钱了？我保证一定不会乱花，并且做好记录。”

后来，女儿每次花钱都会告诉我们，每周都会把花钱记录给我们看。从此以后，她再也没有乱花一分钱。

教育札记

1. 不要袒护孩子

孩子在成长过程中犯错是不可避免的，这些错误不仅是他们学习的机会，也是塑造品格、培养责任感的重要过程。因此，对于孩子的错误，我们确实应当持有理解和宽容的态度，但这并不意味着无原则地袒护。

在孩子面前，我们更应坚持原则，明确指出他们的错误所在，并引导他们认识到错误的后果以及需要承担的责任。教育孩子的目的，不仅在于纠正眼前的错误行为，更在于培养他们面对错误时的勇气，诚实与自我反省的能力。袒护孩子，实则是剥夺了他们从错误中学习的机会，长此以往，可能会让孩子形成逃避责任、无视规则的不良习惯。

真正的爱，是给予孩子正确的引导和支持，帮助他们建立正确的是非观和价值观。这意味着，在孩子犯错时，我们要以平和而坚定的态度，引导他们正视错误，勇于承担责任，并从中吸取教训，逐步成长为有担当、有责任感的人。因此，每一位深爱孩子的家长，都应避免袒护的陷阱，以更加成熟和负责任的方式，陪伴孩子健康成长。

2. 不要急于说教

不要孩子一犯错就急于说教。有的孩子犯了错自己在短时间内还没有认识到。此时去说教可能会让孩子产生逆反情绪。可以给孩子一点儿时间，让他自己反思一下，想一想自己错在哪儿了，这也是自我反省的过程。之后，家长再循序渐进地教育，这样孩子才会心服口服。

3. 不要苛求完美

每个人都难免犯错，怎能苛求孩子不犯错呢？我们要将孩子犯错过程中的不利、消极因素转化为有利的、积极的、合情合理的因素，多给孩子“尝试—错误—完善”的机会。家长过分的照顾帮助、过多地“言传身教”、一味的指责惩罚，恰恰抑制了孩子想象力的发挥和拓展，反倒有碍于孩子健康成长。

成长密钥

我们允许女孩犯错，不是纵容她的过失，而是在她跌倒时用理解和鼓励的目光给予她支持。这样的教育方式，不仅能让女孩在错误中学会自省和改正，更能培养她独立思考和解决问题的能力。允许女孩犯错，是给予她成长的空间和勇气，让她在犯错—改正过程中成长为更坚强、更独立的人。

锻炼的机会，女孩的成长加速器

给予女孩锻炼的机会是父母养育责任中不可或缺的一部分。在锻炼的过程中，她需要克服困难、坚持不懈，这些经历不仅能培养出女孩坚韧不拔的意志和面对挑战的勇气，还能把女孩塑造成一个更加坚强和自信的人。

我和老公都是商人，大部分时间都在忙着各自的事业，因此对女儿的成长难免缺乏关心，以至于她从小便过着衣来伸手、饭来张口的“公主”生活。

一天，我们和女儿一起看电视，里面讲的是一群农村孩子面对不同的艰难境遇，依然克服困难努力学习的故事。女儿一边看一边问我们：为什么电视里的孩子总是脏兮兮的？为什么他们吃饭只有豆腐乳？为什么铅笔只剩一点儿了还不扔？

我耐心地回答女儿的问题，可是她似乎无法理解。

想到从小养尊处优的女儿几乎没有遇到过什么挫折，我们不由得有些担心，尤其是看完电视后，女儿似乎不相信电视里讲的事情，甚至还觉得好笑。

第二天，我和老公经过商量后，决定利用“五一”带女儿去农村体验生活。

虽然我们去的地方不算很艰苦，但我还是找到村主任，要求住在农户家里，和他们一起吃饭、干活儿。一开始，女儿很不适应农村生活，睡不惯、吃不惯，老是吵着回家。我狠心拒绝了女儿的请求，还鼓励她和村里的小朋友交朋友。

慢慢地，女儿的抱怨少了，和村里的孩子们打成一片。亲眼看到几个家境不好的小伙伴的生活后，她似乎一夜之间长大了。后来，女儿甚至还帮着小伙伴做简单的农活儿，向他们请教自己不懂的知识。

“五一”结束后，女儿还和她的那些朋友们通信，把自己的零花钱节省下来买书寄给他们。暑假的时候，女儿主动要求去农村体验生活，看望她的朋友们。

女儿的变化让我们很高兴，因为她不仅不再和我们顶嘴了，还知道不乱花钱，也不再要求买贵而不实用的东西了。

教育札记

1. 让孩子学习生活技能

父母教授孩子生活技能，要坚持天天做，养成习惯，毅力便培养出来了。孩子学做每件事都会遇到困难，要教会他们如何克服；遇到问题，要教他们学会沟通，请教大人，请教同学；当他们能成功做好一件事时，还要鼓励他们帮助别人。这是教授生活技能更深层的意义。忽略这方面的培养，孩子的意志会较脆弱，遇到困扰往往容易做出傻事。倘若从小学习生活技能，并培养孩子坚韧不拔的精神，未来定能克服工作中遇到的困难，踏上成功之路。

2. 鼓励孩子向困难挑战

孩子总是希望受到大人的夸赞，家长应利用孩子这种心理特点，对他们的点滴进步和成功给予赞赏和鼓励；同时，还要充分利用各种途径，使孩子多获得成功，以便积累积极的情感体验。特别是对自信心较差的孩子，要给予其更多的爱和帮助。

家长应成为孩子成长路上的坚实后盾，用鼓励的话语激发他们的潜力。通过参与亲子活动、鼓励孩子尝试新事物、设定可实现的小目标等方式，帮助孩子不断积累成功的经验，逐步建立自信心，让爱与鼓励成为孩子心中最温暖的阳光。

成长密钥

当女儿面对困难时，作为父母，我们要鼓励她积极面对，而不是逃避。我们可以与她一起分析问题，找出解决问题的办法，让她感受到自己的成长和进步。同时，我们也要允许她失败，因为在失败中，她能够积累更多关于如何面对挫折和如何重新站起来的经验。这些能力将伴随她一生，帮助她在未来的生活和工作中更好地应对各种挑战和困难。

第二章

沟通——生活细节里的隐形宝藏

沟通是孩子成长过程中的一项至关重要的技能。它不仅有助于建立亲子关系，也有助于父母深入了解孩子的需求、情感和成长困惑。通过沟通，孩子还能学会表达自我、培养自信和解决问题的能力。

家庭圆桌

请认真思考是否做过以下事情，做过的画“√”，没做过的画“×”。

① 认真倾听女儿的心声。(　　)

② 在生活中经常向女儿表达爱。(　　)

③ 与女儿之间的沟通非常畅快。(　　)

④ 经常不由分说地批评女儿。(　　)

⑤ 我们错了，会很认真地向女儿道歉。(　　)

沟通是女孩与他人建立友谊、融入社会的桥梁。在信息化社会中，良好的沟通能力更是女孩未来成功的关键。因此，父母应重视与女儿的沟通，关注女儿生活中的每一个细节，耐心倾听，积极回应，鼓励她多沟通、多表达，培养她的沟通能力，为其未来发展奠定坚实的基础。

从“听”到“懂”，与女儿沟通的升级之路！

沟通是建立亲子关系的重要桥梁。它不仅是信息的传递，也是情感的交流和理解的基础，还是解决问题的关键。因此，父母应该重视与女儿的沟通，建立良好的亲子关系，这有助于女儿的健康成长。

女儿欣欣从小就和我感情非常好，我们之间就像朋友一样，几乎是无话不说。因为在她的成长过程中，我不但关心她的学习，更注重与她的沟通。

在欣欣很小的时候，我就在每晚睡觉前给她讲故事，还会亲亲她。欣欣也会像小鸡叨食一样在我的脸上猛啄。如果我不在她身边，她也会在临睡前给我打电话道晚安，然后在电话里亲亲我。

欣欣上小学后，每次我去接她放学，她都会跟我分享在学校里发生的事情。我们一路上有说有笑，非常开心。

欣欣上中学后，我也慢慢地把我们之间由童年时期的呵护关系，逐步地变成了平等的朋友关系。因此，欣欣有任何事情都愿意跟我分享。比如，考试没考好，她会和我说一说；在学校里遇到不公的对待了，也会回来跟我发牢骚。我总是耐心地倾听，她高兴时与她一起高兴；她心情不好时，我会理性地帮她分析，然后让她自己去思考该如何去做、如何去解决问题。

就这样，欣欣越来越信任我。我们之间沟通没有障碍，相处得越来越融洽。

教育札记

1. 学会尊重孩子

在与孩子交谈的时候，如何说话与说什么同样重要。简单命令式的、挖苦讽刺式的、情绪发泄式的话语只会伤害孩子的感情。父母要学会以尊重的态度、平静的语气对孩子说话，因为，即使一个不到10岁的孩子也能轻易地区别不同的态度、情绪和语汇。

尊重还体现在父母与孩子进行有深度的沟通方面。孩子们的社会意识和对事物的理解力在不断增强，他们赞赏有思想性的、有深度的交流。因为这样的交流使他们感到自己被父母视为平等的伙伴，能激发他们的自尊感。父母完全可以就广泛的主题——如社会问题、和平、环境治理、创造发明等——与孩子展开讨论；而不要使沟通仅仅局限在孩子的学习和日常生活上，那只会使孩子逐渐丧失与你沟通的兴趣。

2. 做孩子的倾听者

父母与孩子沟通时虽然需要表达自己的意见，但更需要耐心地倾听孩子内心的想法。倾听意味着避免打断孩子的话、集中精力于交流的过程。为了便于做到这一点，父母与孩子的沟通最好在安静的环境中进行，尽可能排除干扰。如果父母正忙于做饭或看喜欢的电视节目，要做到认真倾听是困难的。做一个耐心的倾听者能使父母了解孩子出现的问题和持有的观点，有助于澄清事实，避免对孩子产生误解。父母经常倾听孩子的心声，就会发现，尽管我们没有对孩子提出许多要求和建议，孩子却会向我们提出更多的问题。这是因为，善于倾听的父母才有可能成为孩子的知心朋友。

3. 从孩子感兴趣的话题入手

许多父母在与孩子交谈时，总是喜欢把学习放在第一位，谈论的话题也总是围绕在学习上，如又给孩子买了什么好资料、这次考试怎样才能考好之类的问题，而这些却会引起孩子的反感。这样只会让孩子心里有压力，怀疑家长交流的动机，进而对这次谈话失去兴趣。因此，我们在跟孩子沟通时可以从侧面入手，也就是说，从孩子感兴趣的话题入手，譬如从他在学校所发生的一些有趣的事情开始，从一个引人发笑的小笑话开始，一步一步地将话题引入学习。

4．言语要切合实际，合乎情理

父母与孩子交流要实事求是。无论是批评、表扬还是评价，也无论是谈论家庭还是社会问题，都要切合实际、有理有据，不能跟着感觉走、随着性子说。比如，批评孩子一件事情没有做好时，家长不应这样说："你太笨了，我已经说过一千次了，为什么还不改？"这就是夸大其词，于事无补。

经常运用切合实际的沟通方法可以培养孩子的理智感和自信心，增强教育效果。久而久之，父母可亲可敬、可以依靠和求教的形象就会在孩子心目中树立起来。

5．注意说话的语气

父母都希望自己的孩子成为一个有涵养的人，可有些父母不知道，跟孩子说话时的语气会对孩子的情商、智商、修养产生深刻的影响。所以，家长在跟孩子沟通时要注意说话语气。

成长密钥

良好的沟通可以帮助父母了解女儿的想法、感受和需求。通过倾听女儿的心声，父母能够更好地理解她的内心世界，与她建立起更紧密的情感联系。这种联系不仅能让父母更加了解自己的女儿，也能让她感受到被关心和支持。

倾听女儿的心声，别让她成为“心声的孤岛”！

学会倾听女儿的心声是每一位父母都应该努力掌握的重要技能。倾听不仅是理解女儿想法和感受的途径，更是建立深厚亲子关系的关键。通过倾听，父母能够了解女儿的内心世界，捕捉她的喜怒哀乐，感受她的成长和变化。这不仅能够让父母更加了解她，更能让她感受到父母的关心和支持，增强她对父母的信任。

女儿两岁时，我从外地回到家乡长沙。

之后，我在报社找到一份工作，并非常珍惜这次机会。为了全身心地投入工作，我不得不把不到3岁的女儿送进幼儿园全托，每个月只接一次。每次把女儿从幼儿园接回家时，她总是对我说：“妈妈，你能不能多陪陪我？”有一次，她竟然哭着跟我说：“妈妈，我知道你很忙，没时间陪我，可你能不能把我转到每天都能回家的幼儿园？”

女儿的请求虽不过分，但我和丈夫常常出差，没有时间照顾她。因此，我最终也没能满足女儿的请求。

此后，每次女儿回家，她总是饶有兴致地给我讲幼儿园里发生的事，不管我爱不爱听。回想起来，这时的女儿需要的是一个忠实的听众，而身为妈妈的我就是那个最合适的人选。

遗憾的是，每次女儿和我讲话，我总是忙来忙去，没有认真倾听。让人没想到的是，这会给女儿的语言表达造成障碍。

原来，女儿为了在有限的时间里把话说完，总是讲话很快，因为她想把幼儿园里的生活都分享给我听。慢慢地，她说话不仅开始吐字不清，甚至出现结巴的现象。

直到这时，女儿的异常状态才引起我的注意，我想着可能是我的“疏忽”导致的。在心痛之余，我开始想办法纠正女儿说话的问题。我先是改变自己，将自己的工作安排好，抽出更多的时间陪伴女儿；其次是将女儿转到可以每天都能回家的幼儿园，陪伴她、认真听她讲话。慢慢地，女儿改正了说话不清楚、结巴的毛病。

教育札记

1. 专心听孩子讲话

一个好的聆听者，会集中注意力听对方讲话。因此，父母和孩子交流时应选择一天里不忙的时间和安静的环境，这样才能够专心听孩子讲话。在这个时间段，父母不要做饭、熨衣服或者做别的家务，然后关掉电视、放下手机及其他分心的事，用眼睛注视着孩子，表示自己是认真地在与他对话。每天都要为孩子提供与他们单独相处的机会，哪怕只有几分钟，可以对孩子说“我们一起散散步”，或者说“让我们到小房间去单独谈谈”。

2. 留出时间跟孩子相处

在孩子的成长中，有时需要父母，特别是母亲认真听他们说话。当孩子经历着内心的恐慌、创伤或有失望情绪时，他们特别需要温情的安慰，也很想知道他们的父母在听到自己分享好消息或坏消息时的心情。所以，父母不能总让孩子感到自己由于忙或急着做其他的事，而无暇听他们说话，应当留出充分的相处时间，给孩子创造诉说的机会。

3. 向孩子表示自己有同感

一个善于聆听的父母，能够摆脱自己对问题的主观思想和感情，设身处地想孩子在经历着什么。这样就能敏锐地察觉到孩子情绪的波动，并将自己符合实际的看法告诉孩子。

成长密钥

学会倾听是了解女儿最有效的途径，应该引起父母足够的重视。父母有必要定期抽出专门时间来倾听女儿的心声。让女儿感觉到你对她的重视，她对父母的信任感才会越来越强。通过倾听，父母也能更好地理解女儿的困境，与她共同找到解决问题的方法，帮助她克服困难。

多蹲下来听孩子说话，你看到的将是一个纯真无瑕的世界。

解锁正确批评“密码”，让孩子心服口服

正确地批评是一项需要细心和技巧的任务。它不仅是教育的一种方式，更是塑造女孩性格和价值观的重要手段。

可爱的女儿今年6岁了，是个人见人爱的孩子。可是，她却经常做出让我们哭笑不得的事情。

上个周末是女儿的生日，爷爷送给她一个漂亮的礼物——一辆红色的脚踏车。女儿对这辆脚踏车简直爱不释手，整天骑着在小区里的汽车专用道上冲来冲去，高兴极了。

早上，我去上班的时候，一再叮嘱女儿不要把脚踏车放在汽车专用道上，而要把它放在过道旁，免得哪天不小心被撞坏。可是，下午的时候，女儿却偏偏忘记了。妈妈叫她去吃点心的时候，她就把脚踏车丢在了汽车专用道上。等到我下班回家发现脚踏车时，它已经面目全非，我真的很生气。

听到我的汽车声，女儿从屋子里跑了出来，“哦，是爸爸回来了，爸爸，我好想你啊！”女儿根本就没想到脚踏车会出事，她同往常一样，亲热地跑到我跟前，要我抱她。我看着欢快的女儿，强压着心里的怒火，弯下腰，抱起女儿。“噢！宝贝，来，我带你看个东西。”我很严肃地说，并把她抱到汽车专用道上，让她看看被撞坏的脚踏车。

“噢！我的天哪！爷爷送我的脚踏车怎么成了这个样子？！”女儿看着可怜的脚踏车，忍不住哭了起来。她紧紧抱着我的脖子，把头埋在我的肩膀上。

“是不是忘记把脚踏车收起来了？”我轻声问道。

女儿难过地点点头，没说话。

我抱着她，认真地说："我真不想看到这种可怕的事情发生。"

我让女儿坐在我的膝盖上，双眼看着她说："你晓得这样脚踏车会毁坏吗？"女儿只是默默流着眼泪。

"亲爱的，下次不要让这种事情发生了，好吗？"

"好的，爸爸！"女儿哽咽着说。

"好了，没关系了，宝贝，记住就好。来，让我们看看它到底怎么了，说不定我们还可以修好它呢。"

这个事情，让我意识到正确的批评与引导远比单纯的愤怒与责备更能有效地帮助女儿成长。通过共情、解释后果以及鼓励改正，我们不仅解决了脚踏车的问题，更在女儿心中种下了责任与安全的种子。

教育札记

1. 正面引导

有些家长批评起孩子，张口闭口总是否定性语言："你真没出息""你真不争气""你太丢人了"……有的极尽挖苦、讽刺之能事。如此责骂不休，真不知究竟是要把孩子往正道上引，还是往邪路上推。在孩子犯了错误时，父母应该在简明扼要地抓住要害、严肃认真地指出错误后，用肯定的语言，如"你是有出息的""肯定会争气"等，给予正确引导，指明出路。批评的根本目的不仅在于抑制孩子的错误行为，更在于激发孩子好的行为。总之，不用冷言恶语刺激孩子，而应加以引导。

2. 给孩子申辩的机会

跟孩子说理时，孩子可能会对自己的言行进行辩解，父母应给予孩子申辩的机会。父母应该明白，申辩并非强词夺理，而是让孩子把事情讲清楚、讲明白，孩子才会更加理解父母所讲的道理，使教育收到良好的效果。

3．掌握批评的度

父母批评孩子要注意度。父母一次、两次、三次，甚至四次、五次重复对一件事情做同样的批评，会让孩子从内疚不安转变为不耐烦，甚至反感至极，出现“我偏要这么做”的逆反心理。孩子犯了一次错，只能批评一次；如果再次批评，也要换个角度，用不同的话语，这样才不会让孩子觉得犯错后会被“穷追不舍”，也才不会感到厌烦。父母在任何方面都要注意“度”，掌握好“火候”，分寸拿捏得“恰到好处”，才能达到理想的教育效果。

4．注意批评的场合

批评孩子不要当着别人的面，尤其要避开客人和小朋友。在客人和小朋友面前批评孩子，不仅会大大损伤孩子的自尊心，而且容易引起孩子的抵触情绪，让孩子觉得以后没脸面对这些人。希望父母不要让自己的孩子有这样伤心的经历。父母可以单独把孩子唤到自己面前，郑重地指出他需要改进的地方。

5．把孩子放在和自己同等的地位上

再小的孩子，也有自己的想法；即使是儿童，也不会无缘无故地犯错，他这么做一定有理由，即便他的理由看起来很可笑。这时候，家长不要笑，而要尊重孩子的想法，慢慢地帮他理清思路。然后给他讲一讲自己是如何看待这件事情的，切记一定要一次性讲清楚，不要没完没了。

成长密钥

在日常生活中，如果想要批评起到好的作用，那么，父母要以建设性的态度去批评孩子，明确而具体地向孩子指出问题所在，同时给出积极的建议和鼓励。这样，我们才能够帮助孩子在成长道路上更加稳健地前行。

宠女新姿势，用“言”传递爱！

父母对女儿的爱是无私而深沉的，但很多时候，我们可能因为忙碌或觉得没必要而未能充分表达这份爱。然而，让女儿感受到父母对她的爱意，对于她的成长和心理健康至关重要。无论是通过行动还是言语，我们都应该让女儿知道，她是我们生命中最珍贵的存在，我们愿意为她付出一切。这样的爱将伴随她一生，成为她成长道路上最坚实的支撑。

我是一个性格内向的人，鉴于自己深受不善表达之苦，我下定决心在女儿身上扭转这一局面。

在女儿出生后不久，我就经常抱着女儿对她说“我爱你”。到女儿 1 岁多时，我经常和她做“亲子游戏”。譬如，我会问女儿“妈妈最爱谁？”，她会习惯性地回答“宝宝”。我又问女儿“宝宝最爱谁？”，她总是快乐地回答“妈妈”。久而久之，女儿从小就知道关心、体贴我，也知道爱护比她更小的小朋友。

女儿上了幼儿园之后，不少家长经常找老师“套近乎”、给老师送礼，要求老师关照自家孩子，可我从不这样做，因为我知道这样一个对自己充满信心、对别人充满爱心的女儿，完全可以凭自己的表现赢得老师的喜爱。元旦来临，女儿自己提出要给班上的杨老师寄贺卡，却不知该写什么。我先问清楚女儿想对老师说的话，然后帮女儿写上：“杨老师，我喜欢你。”杨老师收到贺卡后很感动，自然也更喜欢女儿了。学期结束时，在女儿的《成长纪念册》上，老师对她的评价是：“你通情达理、聪明好学、积极进取、表现欲强，特别是你有着美好的情感世界，对每个小朋友都很友善。你是我们班小朋友的骄傲。”这令我感到很欣慰。

教育札记

1. 多说几句“我爱你”

告诉孩子“我爱你”可以使亲子关系融洽，有利于家长和孩子的沟通。很多家长认为即使自己不说“爱”“喜欢”这类“肉麻”的字眼，孩子也会明白，毕竟天下的父母哪有不爱孩子的！其实，孩子还小，未必理解父母的苦心。特别是有的家长成天在孩子面前一脸严肃，动不动就训斥、责骂孩子，孩子未必知道你爱他。

告诉孩子“我爱你”，告诉他无论做错了什么，无论成绩好坏，无论别人是否看得起他，父母永远都爱他，他永远是父母最珍爱的宝贝。那么，孩子就有了面对人生旅途上一切失败和挫折的勇气和自信。因为他知道，哪怕全世界的人都不喜欢他、都不接受他，至少，还有他的父母爱他，还有一个温暖的家在等待着他的归来。

2. 把微笑传递给孩子

父母的微笑是给孩子爱的语言。对孩子来说，爸爸妈妈的面部表情非常重要。微笑能照亮所有看到它的人，它像穿过乌云的太阳，带给人温暖。有一个女孩在看书，妈妈走过来，用欣赏的目光微笑着久久地看着她。小女孩敏感地发觉了妈妈的目光和微笑，看得更加认真了。

孩子们都喜欢爱笑的人。笑，是爱的语言。你冲他微笑，表达了你内心的感情：“我爱你！我喜欢你！你使我快乐，很高兴见到你等。”从小在微笑中长大的孩子，容易形成乐观、积极的心态。做父母的再忙、再累、再烦，也不要忘记把微笑传递给孩子。

3. 在倾听孩子说话时要专注

送给孩子最好的赞美是让孩子知道，他的每一句话，你都认真听了；他所做的每一个动作，你都看见了；他的每一份心情，你都理解了。

而要做到这一点就需要专注的态度。比如：保持微笑，并常常做出吃惊的样子；听孩子说话时，用简单的话语来表示你的兴趣，诸如“真是这样吗？”“你的想法太好了，请继续说！”等。

一旦父母如此做了，就会惊奇地发现不论孩子的话题多么简单，如果你表现出有兴趣的姿态，那么孩子的兴趣就会自然而然地产生出来。如果父母总是沉着脸，一言不发，或者表现出一副漫不经心的样子，会令孩子十分失望。

成长密钥

父母对女儿的爱需要表达出来。表达爱并不仅仅局限于言语，也可以体现在日常生活的点滴细节中。比如，为女儿准备一顿可口的饭菜，陪她度过一个愉快的周末，或是在她遇到困难时给予坚定的支持和鼓励。这些行动都能让女儿感受到父母深深的爱。

告别无效沟通，用“心”打开女儿的“话匣子”

当父母发现用一种方式与女儿沟通无法取得预期效果时，灵活地转换沟通方式就显得尤为重要。每个女孩的性格和情绪状态都是独特的。因此，没有一种固定的沟通方式适用于所有情况。

丈夫是公司的领导，经常因为公事出差，在远离女儿的时候，他经常会用写信的方式与她沟通。他认为，写信比打电话更能增加孩子与父母的感情。

丈夫告诉我打电话虽然方便，但是，对于孩子来说，电话里说的事情容易忘记。因此，对于情感沟通及需要心理疏导的问题，我们通常会选择写信。

有一次，上中学的女儿因为与同伴意见不合而闹别扭，她在信中一再指责同伴的不是。丈夫收到信后，他并没有批评女儿的不是，而是告诉她，世界上有这么多人，每个人的意见都会不一样，没有人必须同意他人的意见，在这种情况下，如果不是原则性问题，完全可以求同存异，不必拘泥于小问题。同时，他还告诉女儿，尽管人与人之间的意见经常会不一样，但是，我们需要尊重他人的意见和人格，不要指责他人。

这种文字沟通让女儿学会了很多做人的道理，与父亲的感情也非常融洽。

教育札记

1．用商量代替命令

父母不管要求孩子做什么事情，一定要注意用商量的口吻，而不要用命令的语气。

提醒孩子做作业时，你可以说："你现在是不是该做作业了，做完作业就可以看会儿电视。"而不要说："赶紧去做作业！"或"还不去做作业呀！"

请孩子帮忙做一件事情，比如洗菜时，你可以说："你能帮我把菜洗一下吗？"而不要说："快来帮我洗菜！"或"赶紧把菜洗了！"

帮助孩子做选择时，你可以说："妈妈觉得你上个英语口语培训班有利于你的英语交流，以后你出国时就可以自如地与外国人对话了，你觉得呢？"而不要说："让你上培训班你就上，我是为你好。"

2．给予孩子更多精神上的爱

父母都是爱孩子的，但是，许多父母容易把爱孩子与"物质的爱"等同起来，以为爱孩子就是给孩子提供最好的物质条件，满足孩子所有的需要，为孩子包办所有的事情。实际上，孩子需要父母精神上的爱甚于物质上的爱，他们更需要父母以他们为傲，父母尊重他们的人格，欣赏他们的优点，让他们感觉到存在的价值，获得成功的体验等。但是在实际生活中，这种精神上的需求往往被父母所忽视。更遗憾的是，很多父母总认为爱是不需要说出口的。他们认为，自己已经为孩子做了那么多，难道还要不断地说给孩子听吗？

这正是父母们认识上的一个误区。孩子有强烈的情感需求，爱是打开亲子沟通的钥匙，对于孩子来说，他希望能够时时刻刻体会到父母对他的爱，这会让他更加喜欢与父母沟通。否则，孩子就会逐渐变得冷漠。

3. 与孩子进行非语言的沟通

随着年龄的增长，孩子的思想和心理变化也越来越复杂，逐渐有了自己的隐私。在一些问题上，他们也许不会和父母说，而是选择把心里话倾注于日记或倾诉给好朋友。这时，家长因为难以和孩子沟通而觉得彷徨，不知道怎么做好，甚至怀疑自己是不是做错了什么而使孩子疏远自己。其实，在这种情况下，家长最好改变沟通方法。譬如，写信就是一个比较好的沟通方法，可以避免语言沟通中的尴尬局面，可以对一些难以说出口的问题彼此交换意见。同时，家长和孩子可以在信中相互真诚地指出对方的缺点，并提出建议，避免了当面交谈可能出现的顶撞、失控场面。如果孩子有不同意见，也可以通过书信向父母提出。这就是一种运用非言语进行沟通的方法。

成长密钥

当一种方式无法与女儿建立有效沟通时，父母应该勇于尝试新的方式，灵活应对，以更好地理解和支持女儿。比如，女儿喜欢音乐，父母可以通过唱歌、弹奏乐器来与她沟通，让她在轻松、愉快的氛围中表达自己的想法。当她情绪低落时，父母可以选择一个安静、舒适的环境，用更加温和、体贴的语气与她交流，给予她足够的支持和鼓励。总之，找到适合的沟通方式将帮助父母与女儿建立更加紧密、真诚的关系。

道歉不是终点，是与女儿共同成长的新起点！

父母向女儿道歉，不仅是一种诚意的表达，更是教育女儿尊重和理解他人的重要方式。在亲子关系中，父母难免会有犯错或误解女儿的时候，而勇于向女儿道歉，不仅能够修复受损的亲子关系，还能够让女儿学会如何正确面对和处理错误。

我的女儿天真、活泼、可爱，给我们带来了无穷的欢乐。女儿从小就很乖，看着她一天天长大，我心里别提多高兴了。

可是，自从女儿上中学后发生了很大的变化。记得一次放学回来，我看她好像有心事，就问她："你怎么了？"她支支吾吾地告诉我这次考试没考好。我把试卷拿过来一看，卷面错题特别多，当时就急了，抬手给了她一巴掌，说："我们每天什么事情都不让你做，就是为了让你把精力放在学习上，现在竞争这么激烈，你不努力学习将来怎么办？！"女儿哭着想解释，我说："你别解释，成绩说明了一切。"从此以后，女儿就很少跟我说话了，我意识到我们之间产生了隔阂。而且她开始同我们顶嘴，有时还编一些谎话，我们之间变得越来越生疏。我不明白女儿怎么就不理解父母的心意，开始思索教育女儿该从哪里下手，怎么才能让女儿理解我们。

一天，我无意中看到了女儿的一篇作文。她这样写道："妈妈变了，对我过于严厉，一点儿也不理解我，我心灵的门窗要关上了。"看到这里我内心受到了极大的震动。于是开始反思自己，并对女儿说："以前是妈妈不好，不应该粗暴地打骂你。希望你不要把我的责骂记在心上，而要努力奋起。"

我试着改变教育方法，不管孩子什么时候把卷子拿给我，我不只是看成绩，而是帮助女儿分析错题的原因。她犯了错则引导她认识到错在哪里，应该怎样改正。慢慢地，女儿也改变了态度。由于我改变了简单粗暴的做法，拉近了我与她的距离，只要有心事她就一定吐露无遗，学习上也更加努力了。

教育札记

1. 向孩子承认自己的错误

父母都希望孩子能够比自己更优秀，那么，为什么不把自己曾经犯过的错告诉孩子呢？一方面，可以让孩子更加了解父母；另一方面，也可以为孩子提供人生的指导。这是一举两得的事情。

2. 给孩子写一封道歉信

如果你觉得很难当面向孩子道歉，那么，不妨试试给孩子写一封道歉信。给孩子写道歉信更能够体现出父母的情感，让孩子更加感动。有些孩子甚至会把这封信珍藏起来，作为父母给自己的礼物。

成长密钥

当意识到自己的错误时，父母应该毫不犹豫地向女儿道歉。通过向女儿道歉，父母不仅能够教育女儿如何尊重和理解他人，还能够培养她宽容的品质。这样的教育方式将让女儿成为一个更加成熟、理智和善良的人。因此，父母要勇于向女儿道歉，为女儿树立一个正确的榜样。

为何打骂对女儿改正错误毫无效果？

父母必须深刻认识到，打骂并不是一种有效的教育方式。它无法真正帮助女儿改正错误。相反，这种粗暴的处理方式往往会给女儿带来心理伤害，甚至可能导致她产生逆反心理，更加难以纠正错误。

我和爱人平时工作都很忙，没有太多时间和女儿相处，只是很关注她的成绩。每次看到她的考试成绩不理想时，我们都非常焦急，有时候甚至会批评、责骂她。后来想想，这种打骂方式确实不太对，于是我决定改一改。

一次，女儿回家告诉我考试成绩不太理想，她的声音很低，表现出非常害怕的表情。这次我压住了心头的怒火，一改往常的训斥，耐心地询问原因。没想到女儿竟然非常有条理地把自己错的地方都讲了出来，一一分析了原因，找出了问题所在。我觉得这种方式非常好，收到了前所未有的效果。

教育札记

1. 惩罚要“点到为止”

有些家长喜欢没完没了地教训孩子，而且还时不时地质问孩子：“我的话你听见了没有？”孩子慑于家长的威严，也为了免受皮肉之苦，只能别无选择地说：“听见了。”其实他可能什么都没听进去，甚至根本就没把父母的话当回事。

孩子之所以说“知道了”，只是顺着家长的意思，想早点儿结束这场训斥。于是，当孩子下次再犯同样的错误时，家长便感到“痛心疾首”，随即说孩子“把我的话”当成“耳边风”，说孩子“不听话”。其实这并非孩子不听父母的话，而是父母说得太多，让孩子分不清主次，不知道听哪一句为好。因此，家长在教育孩子时务必改掉爱说教的毛病，凡事点到为止，然后观察孩子的反应再采取适当的应对措施。

2. 避免将坏情绪带给孩子

每个人都有心情不好、压力大的时候，如工作不顺利、家庭不和睦、生活不顺心等。情绪不好的时候，家长要学会自我调控，用客观理智的心态面对孩子出现的问题，用宽容的态度帮助他。

如果面对孩子，你的无名火真的上来了，你可以赶紧离开孩子所在的环境，到厨房、卧室或者到外面去走走；也可以坦诚地告诉孩子：“妈妈现在心情不太好，你暂时不要和妈妈说话，妈妈需要安静一会儿。”这样一来，孩子就可以避免无端撞到“枪口”上了；还可以直接告诉孩子：“爸爸（或妈妈）心情不好，想安静一会儿，你自己去玩儿，好吗？”另外，家长还要学会适应环境，培养豁达的人生观，在自己的人际关系中能够彼此谦让，做好孩子的表率。

3. 将打骂变成循循诱导

既然打骂孩子无法解决问题，那么家长在教育孩子的时候，可以尝试循循善诱的方式，使孩子明确应该怎么做、为什么要这样做。千万不要轻易训斥、谩骂、殴打孩子，要多尊重孩子，让家庭充满民主、平等的气氛。

其实，在日常生活中我们都有这样一种经验，对绝大多数孩子来说，父母只需要用自己的言语或行动向他表示一点点哪怕是极其微小的不满，孩子都会觉得是对他犯错的惩罚，从而自觉改错。给孩子使个眼色、对他的行动加以限制、扣留他喜欢的东西、没收他的玩具，甚至在吃饭时减少他爱吃的菜肴或者让他穿一件旧衣服等，都是惩罚的手段与方式。调查表明，经常打骂孩子不但会影响孩子与父母之间的亲子关系，还会使孩子养成暴力倾向，造成懦弱和自卑的性格。那么，我们何不采取耐心引导的方式，温柔地教育孩子，以替代打骂呢？

成长密钥

在现代教育中，我们强调以理服人、以情感化。父母通过沟通、引导、示范等方式，耐心地帮助女儿认识到错误的严重性，并找到正确的解决方法。同时，父母也要给予女儿足够的支持和鼓励，让她有信心和勇气面对困难和挫折。父母应该摒弃打骂这种落后的教育方式，以更加温和、理智、科学的方法来引导女儿的成长。只有这样，我们才能真正培养出健康、自信、独立、有爱心的新女性。

第三章

独立——家长不再干涉，女儿独立能力飙升

独立对女孩的重要性不言而喻。独立不仅是女孩个人成长的标志，更是她们追求自由、实现自我价值的基石。一个独立的女孩，拥有独立思考和决策的能力，能够自主面对生活的挑战和困难。她们不需要过分依赖他人，而是能够勇敢地追求自己的梦想和目标。

家庭圆桌

请认真思考是否做过以下事情，做过的画“√”，没做过的画“×”。

① 是否培养女儿的独立意识了？（　　）

② 告诉女儿思考要靠自己。(　　)

③ 引导女儿要学会独立。(　　)

④ 帮助女儿独立解决问题。(　　)

通常，独立的女孩都会更加自信，她们能够清晰地表达自己的观点和意愿，为自己争取权益。同时，独立也让女孩能够更好地适应社会，与他人建立平等、健康的关系。在这个快速变化的社会中，女孩需要不断提升自己的独立能力，学会独立思考、独立生活、独立工作。只有这样，她们才能够在竞争激烈的环境中脱颖而出，实现自己的人生价值。因此，父母应该培养女儿的独立意识。比如，在日常生活中，父母放开手，让她自己的事情自己做主等，这都是在培养她的独立能力。

炸裂！为什么女孩必须拥有独立意识？

父母在女儿的成长过程中，培养她的独立意识是至关重要的。独立意识不仅能让女儿在生活中更加自主、自信，还能帮助她培养独立思考和解决问题的能力。

我很注重培养女儿的独立意识，她能做的事情我都尽量让她自己去做。

在女儿刚学会走路后，有一次，我们带女儿出去玩儿。在爬一个小土坡的时候，她显得有些害怕，不时回头看我们。虽然这是女儿第一次爬坡，但她是可以自己爬上去的，我们有意让女儿锻炼一下，所以没有上前扶她。过了一会儿，女儿知道我们都不“愿意”去帮她，便自己小心翼翼地往上爬，终于爬上了小土坡。

女儿12岁的时候，有一次踢足球把邻居家的玻璃打碎了，邻居要她赔钱。她回家找我们要钱，问清情况后，我便说：“那你就赔吧，因为玻璃是你打碎的。你没有钱，我借给你，一年后还。”于是，在接下来的一年里，女儿利用假期打工赚钱，不仅还给了我们赔玻璃的钱，自己还有了“小金库”。

教育札记

1．遇到困难自己解决

每一个人出生之后都会遇到各种各样的困难和挑战。父母不要在孩子一遇到困难就迫不及待地去帮助他。比如，孩子摔倒了，马上跑过去把孩子扶起来；孩子吃饭把饭撒在桌子上，马上就批评孩子，然后连忙给孩子喂饭。

这样做只会让孩子失去探索世界、尝试新事物的勇气。

因此，家长要给孩子一些成长的空间，多鼓励他们去独立完成事情，即使失败了，也要多给予鼓励，锻炼他们的独立意识。这样他们才会在今后的成长过程中摆脱依赖心理，形成独立意识，做出自己的决定。

2. 让孩子自己承担责任

孩子有做家务的责任，也有学习的责任。凡是交给孩子的事，都要提出相应的要求，并且对照要求检查孩子完成的情况。认真则表扬，敷衍则批评，让孩子意识到自己的责任对他人的影响。只有这样，孩子才能自立起来。

3. 让孩子学会自我保护

一些父母对孩子总是无微不至，看见孩子拿水果刀削水果，就怕他会弄伤手指，于是马上帮孩子削。如此一来，孩子就没机会从体验中学习如何应对所发生的事情。面对现代社会一些价值观不正确的网站、报纸、杂志、电影、录像、图书等，父母需与孩子讨论如何分辨是非与好坏，提高孩子的分析能力。

此外，对于一些犯罪行为，如拐带、服用迷幻药、吸食毒品等，父母需与孩子分析这些社会现象，教导孩子如何应付陌生人，让孩子知道在危险情况下，什么人、什么地方、什么电话号码是他可以求救的。如此，尽管没有父母守护在旁，孩子也可以用自己的经验、智慧进行自我保护。

成长密钥

培养女儿的独立意识需要父母在日常生活中耐心引导，让她在成长过程中逐渐学会独立思考、独立生活，成为一个独立、自信、有责任感的人。比如，让女儿参与家务劳动，学会自己整理房间、洗衣服等，这既能锻炼她的生活技能，也能让她感受到自己的价值和能力。

独立思考，竟能让女儿与众不同

独立思考是每个人成长和发展的关键能力。在女儿的成长过程中，父母应该明确地告诉她：思考只能靠自己。这意味着，父母不能代替女儿思考，也不能期望完全依赖他人的意见和决策。

一天，女儿又拿着一道题来找我。题目大概是这样的：一头体重 50 千克的小象要过河，可是小木桥因为用得太久，都被压弯了，只能承受 49 千克的重量，河水非常深，附近又只有这一座桥。可是小象最终顺利过了河，请问小象是如何过河的?

女儿翻来覆去地读着这道题目，一副愁眉苦脸的样子，怎么也算不出小象怎么过的河。我们没有直接告诉她答案，鼓励她自己先动脑筋。女儿很惊讶，大胆地和我们玩起了激将法："我猜你大概也不会这道题，所以你就让我自己想，是不是？"

我们哭笑不得，于是爸爸指着天花板，说："你知道爱迪生是怎么发明出电灯泡的吗？他当初发明灯泡的时候一遍又一遍地实验，可是一次又一次的失败，后来他统计过，他失败了九百九十九次。"

"哇，这么多次！"女儿不禁睁大了眼睛。

"是啊，可是爱迪生说：'在我看来，我并非经历了九百九十九次的失败，而是我发现有九百九十九种方法对灯泡的发明是不可行的。'你看，爱迪生失败了这么多次，还保持这么乐观的精神。假如他在九百九十九次的失败当中，放弃了任何一次，那么世界不知道还要在黑暗中度过多少年呢。"

"爱迪生真有毅力。"女儿说完，又回到自己的小屋中去了。

过了大半个小时，女儿又出来找我们，她已经想到了两种方法："一种是让大象跳到河里，游过去，可是题目上说了'河水非常深'，看来不行；还有一种比较粗俗。"女儿不好意思地说，"我想只差1千克，小象如果能够饿上半天，再把大便、小便都排光，说不定就能过去。"

"哈哈哈，"我们不禁大笑，"你真有想象力，可这是一个'臭'主意，肯定不对。再好好想想，要翻来覆去地想，翻过来，再倒过去……"

后来，在我们的引导下，女儿顺利找到了让小象过河的方法。

教育札记

1. 让孩子学会思考

有这样一个笑话：在一所国际学校里，老师给各国学生出了一道题："有谁思考过世界上其他国家粮食紧缺的问题吗？"学生都说"不知道"。非洲学生不知道什么叫"粮食"，欧洲学生不知道什么叫"紧缺"，美国学生不知道什么叫"其他国家"，中国学生不知道什么叫"思考"。

思考是打开知识大门的钥匙，是认识事物、分析事物、解决问题的先导。由此可见，思考是一件非常重要的事情。但是，思考是一项艰辛的思想劳动，需要严格地训练。家长应该留心对孩子思考能力的培养和训练，让孩子学会思考。

2. 给孩子提供一个思考的氛围

给孩子创造一个思考的氛围，对孩子形成独特的个性，表现有创新意识的思维、举动非常重要。父母不能因为孩子小，需要大人的照顾而把他看成自己的附属品，孩子要受自己支配。孩子是一个完整、独立的个体，应该允许他有自己的世界，有自己的空间。有句话说："什么样的父母，教出什么样的子女。"

3. 和孩子一起思考

在努力启发孩子思考的同时，父母不要忘了培养自己的思考力，使自己成为能思考并能与孩子思考互动的主力。因此，不必在孩子与孩子间制造竞争压力，也不必为了培养思考力，将家庭生活弄得紧张、沉重，更不必一改常态，变成严肃又过分认真的父母。真正成功的思考力培养者是能与孩子一起学习、一起成长的，他们像挚友般倾听孩子的心声，了解孩子的举止，知道何时给他掌声，何时扶他一把，从来不嘲笑，从来不气馁，没有命令，没有压制。

成长密钥

父母应该鼓励女儿独立思考，培养自己的思考习惯，并在她需要的时候给予适当的支持和引导。如此，她才能够学会分析问题、权衡利弊、做出决策。同时，她也将学会对自己的决策负责，并学会从自己的经验中学习和成长。拥有独立思考的能力，她在未来一定会成长为有思想、有主见、有责任感的人。

女儿独立后，人生竟如此精彩！

作为父母必须清醒地认识到，女儿在成长过程中，学会独立是一项至关重要的能力。独立不仅意味着能够独立完成日常生活中的事务，还意味着女儿能够独立思考、独立决策，并对自己的人生负责。

早晨，女儿上学之后，我便来到她的房间打扫卫生。在她的书桌前，我看见了一封写给我的信。

亲爱的爸爸妈妈：

你们好，工作辛苦了！

妈妈，今年我都 11 岁了，已经长大了。虽然这样，但在你们的眼中，我永远是个孩子。你们永远护着我，使我失去了这个年龄应有的自由。有时我真想大声告诉你们："我长大了！"但是我始终没有开口，你们是因为爱我才护着我，我不想让你们伤心，我理解你们的心，但是，我更渴望你们能够理解我。

妈妈，您把所有的心思都放在我的身上，让我衣来伸手、饭来张口，可是这样却使得我什么都不会做。我知道这就是您眼中所谓的母爱，我知道那是您的关心。但请您给我一点儿自由行吗？非要把我弄得窒息吗？我真的不是小孩了。

其实，有很多事情，您都可以试着放手，让我来做，譬如洗碗、扫地、拖地等，我会做得很好的。

妈妈，您还记得那次吗？那天我看见奶奶在厨房做饭，我也很想学一学，便叫奶奶教我。

烧菜必须从最基本的开始学起，唉，说来惭愧，我长这么大还不会开煤气，所以要先学会开煤气。奶奶先做了个示范，我也跟着开了一次，那燃起的火焰令我激动万分。正当我想要开第二次时，您发现了，连忙走了过来，生气地说道："你这是在干什么？烧菜开煤气是你干得了的吗？也不想想后果，万一出了差错，爆炸了、起火了那可怎么办……"说着，您就上前关了煤气，嘟嘟囔囔地离开了。您坚决的眼神让我知道又没得商量了。这也代表着我又一次放弃了尝试。

妈妈，我要告诉您的是：我知道您不让我轻易去尝试做您觉得危险的事，是关心我，不想让我受到伤害。可是，您知道吗？我现在已经11岁了，都快小学毕业了，我完全可以帮你们做些事的。如果您再用您的这种方式来"关心"我，这种关心就变成溺爱了。妈妈，您的女儿终究要长大的，您不可能保护我一辈子的。人生的路还很长，需要我独立去闯。所以，妈妈，请您放手吧！

女儿：小韵

×年×月×日

看完信后，我不禁陷入了沉思。是啊，从女儿懂事以来，我们关心得最多的便是她的学习，其他事情基本上都是我在帮她做。为了她，我毅然辞掉了自己深爱的工作，一心一意地照顾她。我想，女儿都快上初中了，是时候放手让她自己照顾自己了。

教育札记

1. 给孩子创造一个独立的环境

如果父母真的尊重孩子，就应该给他创造一个属于他自己的独立的生活环境。在这个环境中，他有自己独立做事的权利：自己吃饭，自己穿衣，自己梳头，自己扫地，自己动手做一切事情。意大利著名儿童教育家蒙台梭利将这种生活环境称为“儿童之家”。她说：“‘儿童之家’里的孩子愉快、耐心、沉静、细致得如同最出色的工人，或者是最细心的管理者。当孩子把自己的衣服挂在墙上很矮的、他伸手可及的衣钩上时；当他打开一扇门，而门的扶手恰好是他的手所能把握的尺寸时；当他拿起一把对他的手臂来说并不沉重的椅子时，孩子的脸上呈现出一种异样的兴奋与快乐。”

“儿童之家”的教育理念风行欧美，主要是因为在这里孩子得到了充分的尊重，他们不仅在生理上是自由的，而且在精神上也享有充分的自由。在“儿童之家”，孩子被当作一个人来看。所以，给孩子创造一个属于他自己的独立的环境，对保证孩子的身心健康成长至关重要。

2．不要管得太多

著名教育家陈鹤琴曾说过：“做父母的最好只有一只手。”这句话的意思是说对孩子不能管得太多，应一只手管，一只手放；该管的管，不该管的就不要去管。

许多家长都有“管得多”的毛病，这也是中国家庭教育中的一大顽疾。这样做让孩子在父母怀抱的“牢笼”中不是沉没和窒息，就是反抗、挣脱。总而言之，这样做只有害处没有好处。“管得太多”具体有以下两层意思。

一是许多本来该由孩子自主完成的事情却由父母包办了。家长给孩子交办的事情要有一个过程。刚开始孩子还小，只能交代一些小事情让孩子去做。随着孩子能力的增长，交办事情的分量也应随之增加。最后不仅可以让孩子去做自己的事情，还可以把家里的一些事情交给孩子去做。要让孩子在家里逐步由“小主人”变成“大主人”。家长包办一切事情的做法只会扼杀孩子的自主行为能力，把孩子变成一个依附在父母怀抱中的大婴儿。许多家长就是这样一边给了孩子生命，一边又剥夺了孩子的生存能力。

二是一些本来不该管的事情家长却管了。本来属于孩子的正常娱乐、适时休息和与人交往的活动，经常遭到父母的横加干涉。由于父母管得太多造成的矛盾，在孩子小的时候还表现得不太突出。随着年龄的增长，尤其孩子进入青春期之后，自主意识增强，孩子与家长在这方面的矛盾就会愈演愈烈，甚至达到白热化的程度。

3. 放手让孩子去做

在日常生活中，家长帮孩子做了多少事：做孩子的闹钟，帮孩子叠衣服，再帮孩子把叠好的衣服收到衣橱里，每晚帮孩子整理书包，喂孩子吃饭，帮孩子穿衣、穿裤、穿袜、穿鞋……这些事，是孩子真的都没有能力自己完成，还是孩子早已习惯“小太爷”的生活了？说到底，这都是因为家长不给孩子机会，不愿意“放手”。

其实很多事情并不是孩子不会做，而是缺少一个“做”的机会，这个机会让父母给生生地剥夺了。因此，请各位家长，放开你们的手，让孩子自己去做！

成长密钥

父母在女儿的成长过程中，应当逐步引导她学会独立。这包括培养她的自主意识，让她学会自己处理问题；鼓励她参与各种活动，锻炼她的社交能力和组织能力，以及在她面临选择时，给予她足够的自由和信任，让她学会独立思考和决策。这样的教育理念将帮助女孩在未来的生活中更好地面对挑战，实现自我价值。

放手让女儿独立解决问题，她比想象中更强大

父母对女儿的信任和信心，是她独立解决问题的强大动力。当女儿面临问题时，父母应该坚定地相信她有能力独立解决。这种信任不仅是对女儿能力的认可，更是对她成长过程的支持和鼓励。

我和老公都非常热爱自己的事业，无法抽出更多的时间来照顾女儿，婆婆便自告奋勇地来担负这个责任。开始我还非常担心，怕老人溺爱孩子，后来便渐渐地放心了。虽然人家都说隔辈亲，会宠坏孩子，但我的公公婆婆却不是这样的。他们不但从生活上无微不至地照顾着女儿，而且把女儿教育得非常好。他们虽然很宠她，但也有自己的原则，没有溺爱倾向。因此，我们非常放心。

我曾听婆婆讲过这样一件事情。

为了培养女儿的独立性，婆婆给女儿 2 元钱，嘱咐她用 1 元钱买香菜，另外 1 元钱可以去买个冰棍，算是对她的奖励。女儿极不情愿地去买菜，虽然她平时在家会做一些简单的家务，如叠被子、收衣服、洗菜等，但从来没有外出买过东西。可是，婆婆并没有放弃，而是告诉女儿，她爸爸像她那样大的时候早就能给妈妈买酱油，能帮妈妈办事情了。

很快，婆婆便做通了女儿的工作。等了半天，女儿还未回来，婆婆有些担心，但并没有外出寻找，只是站在大门口等着。谁知，婆婆刚出楼道口，便看到女儿小小的身影，左手提菜，右手吃冰棍，笑眯眯地回来了。婆婆高兴地夸奖女儿真乖，女儿却一个劲儿地向婆婆叙述买菜的经过。

虽然，现在我已经把女儿从婆婆家接回来了，但她在婆婆的教育下，已经非常懂事、乖巧、聪明，很少让我操心了。

教育札记

1．让孩子接受独立锻炼

国外的许多家长在假期会让孩子出去打工，体验生活的艰辛，到了一定年龄，就让孩子去独立生活。在这样的家庭教育中，孩子经受了实践的锻炼，逐渐具备了独立的意识和能力。

可是中国的家长就缺乏这方面的意识。要想让孩子具备独立解决问题的能力，我们应该解放思想，放手让孩子独立分析、解决自己遇到的问题，养成遇到事情要冷静，积极设法解决问题的习惯，而不是消极等待。比如，让孩子自己选择穿什么衣服；与小朋友发生矛盾，让孩子自己去处理，在遇到有关孩子的事情上要征求他们自己的意见。或许在此过程中，孩子做得不是十分恰当，但就是在这些小事的处理过程中，孩子才会渐渐成熟起来。家长要引导孩子独立思考、勇于实践，帮助他们不断地成长。

2．帮助孩子培养独立的能力

父母可以在生活中培养孩子独立解决问题的能力，比如，孩子想知道积木能否浮在水面上，家长可以跟孩子一起做实验。打盆水，让孩子把积木放在水里，看看积木是沉下去还是浮起来。如果有些难题父母也解决不了，就在孩子的面前翻书查找，这样很容易使孩子对书产生兴趣。但是孩子又看不懂书，那该怎么办呢？父母可以先教孩子认识一些字，然后带孩子查看一些有图的书。不少五六岁的孩子不仅会通过看书来自己解决问题，还会为其他小朋友解决问题，受到小朋友的喜欢。

对于书上找不到答案的问题，孩子就要凭借自己的经验来解决了。此时，孩子会独立思考，并动手去试。比如喜欢玩拼图的孩子善于推理，看到局部能推断整体，他们会试着摆一摆或者用笔来画一画，问题就可以解决了。有了一次经验，就有了一分信心。孩子学会了思考，就能自己解决一些难题了。

3. 欣赏孩子解决问题的能力和方式

孩子有自己的心理特征，他们解决问题的方式和能力并不一定合乎成人的观念。不管他们是如何解决问题的，父母都要报以欣赏的角度来看待。一个欣赏的眼神、一个鼓励的拥抱，都能给孩子无穷的力量，他们会在这些眼神和动作中更积极地去解决遇到的问题。

成长密钥

父母要相信女儿可以独立解决问题，并在她需要的时候给予支持和帮助。父母的信任会让女儿感到被尊重和被重视，从而激发她内在的潜能和动力。当知道可以依靠自己的力量去解决问题时，她会更加自信、勇敢和果断。

家务是一种对自己和家人的关爱。

第四章

学习——觉醒吧！别让学习成为枷锁

在现代社会，学习对于每个孩子都至关重要，但我们也必须警惕，不要将女儿视为学习机器。一个健康的成长环境应该是鼓励女儿全面发展，尊重她的兴趣和选择，让她在追求学业的同时，也能培养自己的爱好和特长。要知道，学习不仅仅是为了获得知识，更是为了培养孩子的综合素质和人生观。

家庭圆桌

请认真思考是否做过以下事情，做过的画“√”，没做过的画“×”。

① 有意识地激发女儿的创造力。(　　)

② 引导女儿有效利用时间。(　　)

③ 认真对待女儿的求知欲。(　　)

④ 帮助女儿重拾对学习的兴趣。(　　)

⑤ 经常和女儿一起观察生活、观察世界。(　　)

作为父母，如果过分强调学习成绩，可能会忽视女儿的兴趣、特长和个性发展。在她的成长过程中，除了学习，父母还要注重培养孩子的品德修养和社会责任感，让她成为既有知识又有情怀的人。因此，作为父母，我们应该为女儿创造一个平衡、多元的学习环境，让她在快乐中学习，健康地成长，成为有思想、有情怀、有责任感的人。

解锁女儿创造力的神秘钥匙

创造力是一个人独特的思维方式和创新能力，对孩子未来的发展至关重要。因此，父母在女儿的成长过程中，应该有意识地激发她的创造力。例如，鼓励她参与艺术创作、手工制作、科学实验等活动，让她在实践的过程中发挥想象力和创造力。

女儿上小学二年级的时候，有一天她的数学老师打电话要我们去一趟学校。老师告诉我们这样一件事：数学教学正进入整式运算阶段，学生都能按照要求，从低位向高位顺序运算，唯独女儿别出心裁地从高位到低位进行逆向运算，经老师指出后，她竟一意孤行。

我们回家盘问她时，女儿振振有词地说："从左边算到右边是我想出来的窍门。"听女儿这么一说，我们意识到，她虽然违背规律进行运算，却透露出一种萌芽状态的独创精神。于是我们在对她的"找窍门"给予了充分肯定之后，循循善诱地告诉她，对自己周围的事物要多方位地观察，对思维结果还需要验证，验证的标准就是看它的实际效果。然后，我们与她一起分析逆向运算的弊端。最后，女儿心服口服地毅然忍痛割"爱"了。

教育札记

1. 鼓励孩子发挥创造力

家庭和学校对儿童创造力的培养有举足轻重的影响。家庭的民主气氛有利于孩子发挥其创造力，但又不允许其为所欲为。学校则应对富有创造力的孩子因材施教。一个好思考、变化多、能触类旁通的孩子，往往不愿意受过多的约束。他们自信、好奇、喜欢幻想、有冒险精神，这类孩子很容易受父母的责备、同学的排斥，被认为不听话、好出风头，是“刺头”。这会使孩子变得郁郁寡欢、无所适从。他们的创造力就不可能继续发展，或者久闻成习、弄假成真，以歪就歪向坏的方面发展。

2．激发孩子的创造力

其实，孩子爱搞“破坏”属天性使然，是其创造力萌芽的一种体现。他们对各类陌生的事物充满新鲜、好奇，并身体力行，欲用自己的双手探求这未知世界。合理利用孩子这种天性，多方引导、鼓励，孩子的创造萌芽就会得到进一步深化。

反之，老实、文静、听话的乖孩子，家庭虽少了“破坏”气氛，大人安心，但孩子的天性被抹杀了，这样的孩子多半循规蹈矩，依赖性强。孩子爱动、好奇、勇敢，甚至冒险的天性会被扼杀在摇篮里。

父母可以这样启发孩子，如带孩子去配钥匙时，可启发孩子大胆想象“钥匙看上去像什么”；带孩子去超市买饮料时，可启发孩子自由想象“可乐罐看上去像什么”。当孩子说出“钥匙看上去像个大蟒蛇”“可乐罐看上去像个导弹”时，父母不应责备孩子“胡思乱想”，而要夸奖孩子的独特想象，鼓励孩子在此基础上，再去联想“看上去还像什么”，以增强孩子的创造性。

3．开阔孩子的视野

家长可通过各种活动丰富孩子的生活，开阔孩子的视野，多带孩子到大自然中，观赏各种树木花卉，区分它们的异同，了解植物与环境的关系；看看动物的不同形态，分辨它们的外形特征和生活习性；采集种子，捕捉昆虫，制作标本；仰望蓝天上变幻多端、漂亮浮动的白云；欣赏日出东方时的朝霞、夕阳西下的美景……

另外，家长还应向孩子提供适合他们身心年龄特点的读物和视听材料，给孩子的知识要尽可能广博，上至天文，下至地理，但应注意宜广不宜深，以游戏的形式、故事的口吻进行趣味讲解。

成长密钥

孩子从小展现出来的创新天赋是各种各样的，他们爱幻想、爱动，父母应该去除束缚孩子的条条框框，鼓励他们勇于将大胆的想法付诸行动。父母可以给女儿提供丰富多样的资源和环境，让她接触到不同领域的知识和灵感。同时，也给予她充分的自由和空间，让她能够自由地表达想法和创意，而不是被束缚在固定的框架和思维模式中。

不要在喧嚣中歌吟，否则你的歌声会成为喧嚣中的一部分。

教会女孩时间管理术，让效率翻倍

一个能够高效利用时间的人，不仅能够更好地完成学习和工作任务，还能在生活中保持充实的状态。因此，父母应该帮助女儿建立正确的时间观念，培养她高效利用时间的能力。

我的女儿名叫敏敏，她是她们班上最优秀的学生，学习一点儿也不费力。同学们看到她学得这么轻松、快乐，简直羡慕死了。一次，在班上召开的学习讨论会上，敏敏告诉大家："我学习也没有什么秘诀，全靠它！"她边说边从课桌里拿出一张学习计划表来。

女儿的计划表和其他同学的不一样，每天都用特别醒目的荧光笔标出。在计划表的学习部分，女儿注重的是效果，最重要的是理解、运用、熟练掌握。她每天回到家，不像别的同学那样先写作业，而是先把这天在课堂上学的知识、做的笔记复习一遍，然后再对照课本的例题看，看明白了，就能很轻松完成作业了。这样不但效率高，而且记得牢固。她每天写作业只用半个小时，然后把新旧知识点都画到一张结构图上，她是在不看书的情况下画下来的，在画的过程中，既把旧的知识点复习了一遍，又把新的知识和旧的知识有机地结合起来。

在计划表上，女儿还留出半个小时的时间来过错，把不对的题都抄到一个本子里，每天挑几道来做，当一道题目连续做对三次时，就算对这道题完全掌握了。这种自我反思与巩固的学习方式非常有效。它不仅帮助女儿及时纠正错误，还通过重复练习加深了理解，培养了她的耐心和毅力。随着时间的推移，女儿的学习效果显著提升，她的自信与成就感也与日俱增。

教育札记

1．充分利用业余时间

著名科学家爱因斯坦认为：人的差异在业余时间。孩子们在学校的时间相等，环境相同，学习、活动、机遇一样，难以形成大的差异。但在业余时间，情况就不同了，这必然会给学习成绩或其他特长带来不同的影响，进而出现不同的结果。一些大科学家在谈到成功经验时，总是少不了“充分利用业余时间”这一条。因此，要“出人头地”，必须用好业余时间。它包括三种：一是各种假日时间，二是课余时间，三是多种“空闲”时间。比如，等人时看看书，乘车时背背英语单词等。

譬如，在课前花一分钟想想自己复习、预习的内容，课后用一点儿时间回想一天所学的知识，在乘车、船或在安全路段行走时也可记忆相对独立的知识。茶余饭后的时间是最容易被人忽视的，然而，合理而充分地利用这些零碎时间，背记一些英语单词、诗文，是很有益的。

2．制订有效的计划表

教孩子不浪费时间，最好的办法是帮助孩子合理安排时间，制订有效的计划表。比如，可以将每天必须做的事制成一个合理的作息时间表，当然这个时间表要与孩子商量而定，得到孩子的认同，符合孩子的兴趣和特点，不能对孩子要求过高。还要考虑到孩子生活的各个方面，不仅要有学习、劳动、休息时间，还要有娱乐和自由活动的时间，这样孩子才可能有积极性。制订好计划表，对孩子的执行情况父母则要以肯定成绩为主，予以及时地评价，提出建设性意见。督促孩子一段时间，孩子则会逐步养成习惯。

3．把握学习的高效期

儿童时期，孩子的大脑发育尚不完善，比起成年人来容易疲劳。他们记忆力虽好，但也不宜进行长时间学习。一天最佳的学习时间是在上午

9：30～11：00，下午3：30～5：30，中午应让孩子有两个多小时的休息时间。晚上做作业、复习功课的时间都不宜过长，否则会影响孩子入睡。

生理学家研究认为，人在一天之内有4个学习的高效期。

清晨起床后，大脑经过一夜的休息，消除了前一天的疲劳，脑神经处于活动状态，没有新的记忆干扰，此刻认知、记忆印象都会很清晰，学习一些难记忆而必须记忆的东西较为适宜，如语言、定律、事件等的记忆和储存。这是第一个学习高效期。

上午8：00～10:00是第二个学习高效期，体内肾上腺等激素分泌旺盛，精力充沛，大脑具有严谨而周密的思考能力、认知能力和处理能力。此刻是攻克难题的大好时机，应当把握战机，充分利用大脑兴奋来攻关。

第三个学习高效期是下午6：00～8：00，这是用脑的最佳时刻，不少人利用这段时间回顾、复习全天学过的东西，加深印象，分门别类，归纳整理，这也是整理笔记的黄金时机。

入睡前一小时是学习与记忆的第四个高效期，利用这段时间加深印象，或者对一些难以记忆的东西加以复习，则不易遗忘。

成长密钥

父母可以从小教女儿制订简单的日程表，让她明白时间的宝贵和有限。随着女儿的成长，父母可以逐渐引导她制订更为详细和复杂的时间计划，让她学会合理分配时间，处理多项任务。同时，父母还可以通过自身的行为示范，让女儿看到如何有效利用时间。例如，按时完成工作、合理安排休闲时间等。

唤醒沉睡的好奇，保护女孩的求知欲

求知欲是驱动一个人不断学习和探索的内在动力，对于女孩的成长和发展至关重要。当女孩表现出对某个领域或事物的兴趣时，父母不应该以自己的偏见或刻板印象去限制她的探索，而应该给予她支持和鼓励，帮助她深入了解并满足自己的好奇心。

星期天，我正在与爱人就孩子爱提问题这个话题进行讨论，爱人说："女儿有时真的很烦，嘴整天都没有停过，叽叽喳喳不停地问，我的头都快要被她吵炸了。"

就在此时，女儿走了过来。她手里拿了一本少儿读本的达尔文的《进化论》，书中用生动的笔调描述了生物进化的过程，并且配有极为有趣的插图。

"爸爸，《进化论》中说人是由猴子变的，这是真的吗？"女儿问。

"我不知道是否完全对，但达尔文的理论是有道理的。"爱人自信满满地回答。

"可是既然人是由猴子变的，那么为什么现在人是人，猴子仍然是猴子？"

"你没有看见书上是这样写的吗，猴子之中的一群进化成了人类，而另一群却没有得到进化，所以它们仍然是猴子。"爱人有点儿急了。

"这恐怕有问题。"女儿怀疑地说。

"什么问题？"

"既然是进化论，那么猴子都应该进化，而不是只有一群进化。"

"为什么有这样的想法呢？"爱人不解地问。

“我觉得另一群猴子也应该得到进化，变成一群能够上树的人。”

这时，爱人的脸上流露出极不以为意的神色，他的眼光似乎是在说：看你有多大的耐心。

“那是不可能的，因为事实上猴子当中的一部分没有得到进化……”爱人说。

“为什么？”女儿仍然不放过这个问题。

于是，爱人只能尽自己所知向她讲明其中的原因：“据我所知，一群猴子由于某种原因不得不在地面上生存，它们的攀缘能力逐渐退化，且又学会了直立行走，经过漫长的进化变成了人类；另一群猴子仍然生活在树上，所以没有得到进化。”

“我明白了。可是为什么要进化呢？如果人能够像猴子那样灵活不是更好吗？”女儿又开始了另一个问题。

“虽然猴子在身体和四肢上比人灵活，但人的大脑是最灵活的。”爱人回答道。

“大脑灵活有什么用呢？又不能像猴子那样可以从一棵树上跳到另一棵树上。”

“身体灵活固然好，但只有身体上的优势是远远不够的。大脑的灵活才是最重要的，因为只有这样才能创造出文明。”

“为什么要创造文明？”

“因为文明代表着人类的进步。”

就这样，女儿的问题一个又一个地如潮水般涌来。她的很多问题在成年人看来非常可笑且毫无根据。即便这样，我们也尽量不让她失望。

教育札记

1．给孩子一个认真的答复

好奇是孩子的天性，生活中成年人看起来很平常的事，孩子也许会问个不停。这时，父母千万不要对此感到厌烦，孩子好问是好事，说明他有强烈的求知欲和思考意识，千万不要打击孩子的好奇心。孩子只有在重视和仰慕成年人的时候，才会向他提出问题，如果因此受到伤害，会让他们觉得求知不仅不会为自己带来好处，反而会造成别人的不快，进而失去对求知的渴求。尊重孩子提出的问题，给孩子一个认真的答复，不仅可以让孩子学到知识，而且可以增进亲子关系，让孩子更加信赖父母。

2．不要敷衍孩子

如果父母不能马上回答孩子的问题，应该把问题记下来，并尽快把答案告诉孩子，以此鼓励孩子的好问。千万不要因为孩子的问题太过幼稚而嘲笑或者敷衍孩子，这样会使孩子渐渐失去提问的兴趣。告诉他们“等一下再告诉你”“让我先考虑一下”，承认自己无法回答不是什么羞耻的事情。这样可以让孩子觉得自己得到了应有的尊重，同时也可以让孩子学会等待和谅解他人。很多孩子不管家长是否有空，要求家长立刻回答，这个时候正好可以教育孩子学会尊重别人和有耐心，让他们明白不是什么问题都可以立即得到答案的。

3．给孩子锻炼的机会

面对孩子的胆怯，家长需巧妙融合其求知欲，化挑战为成长契机。从孩子感兴趣的小事入手，激发其探索欲，引导其勇敢尝试，不断锻炼。每一次实践，不仅能增强孩子的勇气与能力，更能满足孩子对未知世界的好奇与渴望。鼓励孩子走出舒适区，无论是通过拜访亲友学习社交礼仪，还是外出旅行拓宽视野，让孩子在社会的大课堂中，通过亲身体验学习待人接物，增长见识，也让那份对未知的好奇与渴望，成为推动他们勇敢前行的动力。家长的陪伴与引导如同灯塔一般为孩子照亮方向，让孩子在求知与实践中茁壮成长，逐渐从胆怯走向自信与独立。

成长密钥

父母应该珍视女儿的求知欲，鼓励她不断探索和学习。父母可以提供丰富的书籍、资源和活动，让她能够广泛地涉猎不同的领域。同时，也要鼓励她提出问题、发表观点，并与她进行开放、平等的讨论。

耳朵是通向心灵的路。

拯救学习乐趣，找回学习的快乐

当女儿的学习兴趣受到挫折或减退时，父母需要帮助她重拾对学习的兴趣和热情，不要责问，更不要打骂，应给予女儿持续的鼓励和支持。当女儿取得进步或面临困难时，父母更要及时给予肯定和帮助，让她感受到自己的成长和价值。

女儿是一个非常优秀的孩子，小学和初中成绩一直名列前茅，可自从她进入高一重点班后，她的学习积极性非常低，对任何科目都提不起兴趣。

为此，我决定和女儿好好聊一聊，看看问题到底出在什么地方。

女儿告诉我，她觉得自己不能融入高中这个新集体当中，不知道怎样才能自如地与其他同学交流。她说她喜欢与热爱艺术的人交谈，喜欢和别人一起看世界名画册，喜欢与别人一起设计别出心裁的小艺术品。但班里的同学谈论的都是娱乐和运动方面的东西，女儿想改变自己去接触这些她以前不熟悉的事物，为的就是能够融入同学。但是，她尝试了许多次都没有得到满意的结果。正因为这样，她整天都无精打采，连学习的心情都没有了。

另一方面，女儿从学习本身得不到任何激励。在初中的时候，她是班里的尖子生，经常会得到同学和老师的赞扬。可到了高中，尤其是进入重点班之后，身边都是优秀的学生，她在班里的成绩虽然处于前列，但是再也没有原来的那种优越感了，得到的赞扬也比原来少了许多，学习的动力也自然减少了。

得知这些原因后，我耐心地开导女儿，并且和她的老师进行了充分的沟通，终于使女儿重新找回了学习兴趣，成绩也越来越好。

教育札记

1．陪孩子一起学习

当发现孩子对某些知识感兴趣时，家长要以身作则，陪他们一起学习，帮助他们持久地保持这种兴趣。较多的孩子都喜欢阅读，因此家长可以跟孩子一起阅读书籍，对某些知识还可以一起讨论。这样不但有助于加强亲子关系，同时也可以学习更多的知识，何乐而不为呢？

一位家长说，我的孩子从小就有好奇心，一遇到不懂的事情，他就喜欢提问，对什么都感兴趣，一定要打破砂锅问到底。因此，我常常会问孩子“你觉得有趣吗？”当孩子头脑中有无数的疑问，提出问题时，我通常会十分珍惜孩子的兴趣和探讨精神，耐心地予以回答。如果一时回答不了，我就和孩子一起查资料，或者向其他人请教，我会通过各种途径来寻找答案。往往在教会孩子的同时，我自己也得到了进步。

2．引导孩子体会学习的乐趣

如果一个人对某件事情感兴趣，他就会努力把这件事情做好。学习也一样，孩子一旦对学习产生了兴趣，就会学得更快、更好。有乐趣才能有兴趣。只有充满“乐趣”的知识，孩子才乐于接受、理解、记忆和运用。知识传递伴随着浓烈的趣味，才能达到孩子的心灵深处。作为家长，我们可以使用一些方法来引导孩子去体会学习的乐趣。

首先，我们可以从孩子的兴趣点出发，将学习内容与他们的爱好相结合，比如通过历史故事讲解数学原理，或者利用科学实验探索物理现象，让学习过程变得生动有趣。

其次，鼓励孩子参与互动学习，比如组织家庭知识竞赛、角色扮演游戏等，这些活动不仅能激发孩子的好奇心，还能在轻松愉快的氛围中加深他们对知识的理解。

再次，利用现代科技手段，如教育 App、在线课程和视频教程等，这些资源往往以更加直观、形象的方式呈现知识，能够有效提升孩子的学习兴趣和效率。最重要的是，我们要给予孩子正面的反馈和鼓励，认可他们的努力和进步，让孩子感受到学习带来的成就感和快乐，从而进一步激发他们探索未知、追求卓越的内在动力。

3．培养正确的学习态度

不可否认，在学习的过程中会遭遇挫折、困难、挫败，但结果取决于孩子对待学习的态度。这也就导致有的人在学习上力不从心，有的人则享受了学习的快乐。“宝剑锋从磨砺出，梅花香自苦寒来。”谁都会在通往成功的道路上遇到险阻，而学习只是当中微乎其微的一点，如果连这一点都克服不了，那还有何快乐可言？许多知名人士也是一步一个脚印走过来的。他们当中的一些人，有的幼时曾是口吃，可是经过顽强的努力，他们成了世界闻名的大演说家；有的年少时家境贫寒，可是经过多年的摸爬滚打，他们拥有了精神与物质上的双重财富。

此外，学习态度端正与否决定着学习的成绩与效果。学习态度端正的孩子能够按时上学、上课，不迟到、早退，喜欢上学。上课时能够遵守纪律，认真听讲，积极思考，积极回答问题，能够及时完成课内外的作业，并能主动自学。对孩子来说，如果没有一个正确的学习态度，将会影响他今后的生活与工作。

4．尊重孩子的兴趣

现在很多家长从孩子一入学就千方百计想孩子学得好、懂得多，所以把孩子的双休日、节假日都安排得满满的。事实上，让孩子多学点儿东西是好的，家长的出发点也是好的。但自己的孩子是否喜欢学，家长根本不理会，也不顾及孩子的感受，使孩子学得非常辛苦、吃力，继而不想学。

孩子好比各种树苗，有的像松柏苗，有的像杨柳苗，有的像榕树苗……不论是什么树苗，都可以长成各种各样的材料。所以做父母的责任，并不在于强迫孩子学这一样、不学那一样，而是应该多给孩子一些自由宽松的空间，让他们自己去选择感兴趣的、喜欢的事。例如，有些孩子喜欢动手操作，搞一些小制作，而家长认为这与学习无关，就加以阻止。其实，孩子在制作的过程中也需要动脑，不懂的时候，他们就会主动去查阅有关的资料和书籍，这也是学习的过程。况且在这样的活动中，不仅使孩子的思维能力得到发展，还能提高他们的动手操作能力。家长不但不应该阻止，还要根据孩子的兴趣特点，为他们提供有关的书籍，创造机会让孩子参加一些有益的活动和比赛。

许多事例证明，小时候培养的兴趣往往是一生的事业基础。有些父母对孩子寄托了很大的希望，但他们往往按照自己的主观意志去“规定”孩子的兴趣，而不是尊重孩子自身的兴趣，这样会耽误孩子的发展。

成长密钥

如果女儿对学习没有兴趣和热情了，父母需要耐心倾听女儿的心声，了解她对学习困惑和不满的地方。通过倾听和理解，父母能够建立起与女儿之间信任和沟通的桥梁。然后再与女儿一起制订合理的学习计划，并结合她的兴趣和特点，找到适合她的学习方式，慢慢地帮助女儿重新找回学习的乐趣和动力。

观察力 MAX，助力女儿成为观察大师

观察力是指一个人对周围环境和事物的敏锐感知和细致分析的能力。一个拥有良好观察力的人，能够更好地理解世界，发现问题，并做出明智的决策。父母应该鼓励女儿保持敏感和好奇的心态，不断锻炼和提高她的观察力，有助于女儿更好地理解和应对世界的变化。

女儿丁丁是一个6岁的孩子，非常喜欢画画。一天，女儿回到家后，便冲我嚷嚷道："妈妈，老师让我参加比赛了，我要画一幅名为《春天》的画。"听到这个消息，我也替她高兴。

于是，我决定带女儿外出郊游，给她营造一个良好的观察氛围，不仅让她用眼睛去看，还要将观察融入游戏中。

周末，我便领着女儿去了公园。女儿和我一起抱了抱粗壮的大树，摸了摸树皮，观察了花的颜色、形状，闻了闻花香，捉住柳絮吹了吹，摘几片叶子回去制作标本。回家后，我问女儿：树叶和草的颜色是怎样的？哪些花最先开放？人们穿多厚的衣服？农民伯伯在地里做什么？后来，我又带着女儿出去了一次，这次丁丁主动地观察了树叶、小草的颜色，开放的春花，看到了蜜蜂在花间辛勤地采蜜，蝴蝶在花丛中快乐地舞蹈……我带着她观看了蚁穴边蚂蚁忙着搬动一条小虫，丁丁看着这些搬动比自己身体大好多倍的大力士感到非常惊讶。最后，我们还从池塘里捞出了几条小蝌蚪带回家去养……

结果，女儿的画里不但有艳丽的花朵，还有辛勤劳动的蜜蜂、游来游去的蝌蚪，以及一只破壳的小鸡好奇地探头看着这新奇的世界……

教育札记

1. 给孩子观察的机会

我们常常因为担心孩子出现危险而把他关在家中，这样孩子就失去了接触大自然的机会。我们要教会孩子观察大自然就要给他观察的机会，如让孩子在庭院里或去郊外自由地探索，孩子会在这种无拘无束地探索中发现许多有趣的事物和现象。

2. 激发孩子的兴趣

兴趣是最好的老师。有了浓厚的兴趣，孩子就会主动去认识事物。父母可以引导孩子观察他最熟悉的、最喜爱的、特征比较明显的和容易辨认的事物。父母要充满童趣和好奇心，发现了有趣的事物时，欢快地呼朋引伴；发现了寻觅目标时，高声地欢呼。父母积极、愉快地参与其中的观察活动，孩子一定会感兴趣，观察也会更有效。

3. 让孩子明确观察的目的

孩子在观察中，有无明确的观察目的，得到的观察结果是不同的。观察的目的越明确，孩子的注意力就越集中，观察得也就越细致深入，观察的效果也就越好。比如，父母带着孩子去公园，漫无目的地东张西望，回到家后，孩子也说不清他看到了什么。如果要求孩子去观察公园里的花儿，那么他就能说出花儿的形状、颜色、大小等。这样有的放矢地观察，孩子将会有更多的收获。

4. 从生活中的物品入手

孩子每天的生活都与周围的生活物品分不开，如桌子、凳子、餐具、床、毛巾、灯、电视机等。家长要让孩子仔细观察和熟悉这些物品，知道这些物品的形状、材料及各种用途。比如，茶杯大多是圆柱状的，有陶瓷的，也有玻璃的，可以用来喝水，也可以用来盛豆、插花；桌子大多是长方形或圆形的，是木头做成的，可以用来吃饭或写字等；毛巾是用棉纤维做成的，可用来擦脸，也可当作抹布；锅大多是圆形的，由铁或不锈钢做成，是用来做饭的；日光灯是长管状的，按下开关就会变亮；冰箱多是长方体，金属做的，通电后冰箱里的温度会变低；电视机通电后会出现各种声音和画面。

成长密钥

培养女儿的观察力，父母可以从日常生活着手，如在户外散步时，父母可以引导女儿观察树叶的颜色、纹理和形状，让她学会发现细微之处。父母还可以为女儿提供观察游戏和挑战任务，让她通过实际操作来锻炼观察力。例如，设置寻宝游戏，让女儿根据线索找到隐藏的宝藏，这不仅可以锻炼她的观察力，还能增强她的逻辑思维和解决问题的能力。

世界上没有幸福，但有自由和宁静。

劳逸结合才是学霸养成的终极秘诀

劳逸结合是一种高效的学习方法。作为父母，要帮助女儿养成劳逸结合的学习习惯，让她能够合理地安排自己的学习和休息，使她更好地管理自己的时间和精力，提高学习效率的同时有一个好的身体。

女儿很喜欢滑冰，但她还是把学习放在第一位，觉得学习重要一些。一天傍晚，我带着女儿去小区旁边的广场上散步。广场上，很多和女儿年龄相仿的孩子穿着溜冰鞋在自由滑行。他们的技术之高、花样之多，引来围观者一阵阵的欢呼和掌声。

看着女儿看得入迷的样子，我想趁机锻炼一下她的身体并磨炼一下她的意志，便让她也加入了这个溜冰培训班。一开始，女儿满怀信心地去学，但当她发现自己穿上溜冰鞋根本无法站立时，就有点儿泄气了。此时，我便鼓励女儿说："困难并没有你想象得那么可怕，别人能做到的事情，你照样也能做到。"在摔倒了很多次后，女儿终于迈出了成功的第一步——她能穿着溜冰鞋自由运动了。最后，女儿终于也能变着花样滑行了，而她的学习也没有落下。

快要参加高考时，女儿还在担任班级的膳食委员，虽然工作很多，但她能合理支配自己的时间，学习时也会全身心投入，课余时间就处理班级的问题。学习时，她很注重劳逸结合，感觉有点儿累的时候，就会听音乐或者和同学们打篮球，适当放松。

通过劳逸结合与积极面对挑战，女儿不仅掌握了溜冰技能，更学会了高效管理时间，平衡学习与兴趣，展现了全面发展的优秀品质。

教育札记

1．让孩子认识劳逸结合的重要性

许多孩子认为只要拼命、刻苦地学习，多投入时间，就一定能取得优异的成绩，其实这是一种错误的认知。要想学习好，不仅要有好的学习方法，还要懂得劳逸结合，这样才能大大提高学习效率。家长只有让孩子充分认识到劳逸结合带来的好处，孩子才会在学习中有这种意识，也才会在学习进入疲劳阶段时对自己进行适当的调整。

2．让孩子走出恶性循环圈

许多孩子在学习进入疲劳状态时，因学习效率下降，往往在不知不觉中用延长时间的方法来达成预期的学习目标，结果陷入恶性循环之中。于是，越是延长时间，学习效率越低，学习效率越低，就越要延长学习时间……这样不仅会浪费大量的时间，还会加剧疲劳，甚至对身心健康造成伤害。

3．给孩子自由活动的时间

家长在制订计划时一定要充分尊重孩子的意愿，并给孩子留出自由活动的时间和空间。安排计划使自己和孩子胸有“丘壑”自然是好事，不过也不能太机械化和具体化。家长可以规定一天的学习时间、游戏时间等，从宏观上对孩子的学习生活情况进行把握，这样也可以训练孩子的自我管理能力。学习需要计划，其实玩儿也需要计划。与孩子一起讨论玩儿的设想其实是增进亲子关系的好途径，因为在讨论如何玩儿的时候，孩子的心情是放松和快乐的，也更听得进家长的建议。

4．陪孩子一起锻炼

孩子用脑强度大，需要适当运动。父母可以和孩子约定，每天学习疲倦后，一起跑跑步，做一些别的运动。在共同锻炼的过程中，既有助于孩子放松，增强孩子的体质，还能增进亲子关系。在运动中还能进行情感交流，帮助父母了解孩子的真实想法。值得注意的是，父母最好不要把时间规定得太死，孩子什么时候需要休息，就什么时候陪他锻炼。

成长密钥

父母告诉女儿劳逸结合才能学习好，这是非常明智的建议。在学习时，她需要集中精力，这样才能更好地理解和掌握知识。但是，长时间的学习会导致疲劳和厌倦，影响学习效果。因此，父母可以鼓励女儿在学习间隙安排一些休息和娱乐活动，这样可以让女儿更好地调节身体和情绪，也能提高学习效果。同时，这么做也可以让女儿更好地平衡学习和生活，避免过度压力和焦虑。

大自然希望儿童在成人以前就要有儿童的样子。

女孩不是学习机器，未来不该被分数定义

作为父母，我们必须明白，女儿并不是学习机器，她是一个独特而复杂的个体，拥有自己的兴趣、梦想和生活需求。她需要时间去探索世界，发展自己的兴趣爱好，以及与朋友和家人建立深厚的关系。我们的目标是帮助女儿成为一个全面发展、有爱心、有责任感和有独立思考能力的人，而不仅仅是一个成绩优秀的学生。

我原本是一个非常热爱工作的人，但为了照顾好女儿，毅然辞掉了心爱的工作，担负起照顾她的责任。我深切地体会到，在这个竞争日益激烈的社会，知识是非常重要的。因此，在女儿还非常小的时候，我便开始对她进行教育。

女儿果真没有令我失望，她两岁时便会背几百首唐诗，会唱儿歌，英文也会不少，而且越来越聪明。其中，女儿也付出了不少的艰辛。女儿从小学至初中，成绩一直都很好，达到了我的要求。

我以为，随着女儿的长大，她一定能体会到我的良苦用心。可是，有一天，我在整理女儿的房间时，意外地看到了一封信。

亲爱的妈妈：

我不是学习机器。

自从上初中以来，我的课余时间一下少了许多。每天都被您管得很严，晚上 10 点 30 分以前不准睡觉，把我弄得精疲力尽，但我还得咬着牙坚持。因为我心里明白您这样做是为了我好，您是为了让我考上高中才被迫这么

做的，我理解您的心情。

上了初三您对我的学习管得更严了，我每天除了做老师留的作业，还要做您留的作业。这样我在家的时间就是无休止地做作业，压得我喘不过气来，但您还是嫌我没有把时间充分利用起来，把我睡觉的时间又往后推迟了一个小时。这样本来就精力不佳的我，更要咬紧牙关坚持了。您也经常鼓励我只要咬一咬牙坚持下去，考上高中以后就可以放松了。

就这样我又坚持了一个月，我的体重一下减了6斤，您也看出我的身体坚持不住了，就买了一些补品给我吃，想让我尽快恢复体力，好让我有充沛的精力去迎接新的一轮复习。星期六，我打开录音机想听一听我喜欢的音乐，放松放松，但是您却怒气冲冲地将录音机关上，然后冲我大声喊着："你都快要中考了，还这样浪费时间，还不快去复习功课！"说完，您就把录音机锁进了柜子里。您只有看到我认真学习的时候，才会露出笑容。

妈妈，我想对您说：我是人，不是学习的机器，请多给我一些休息的时间吧！

……

看完这封信，我陷入沉思之中。

教育札记

1. 释放孩子的天性，鼓励其自由玩耍

在孩子的世界里，自由玩耍是一把钥匙，能够解锁他们内心深处未被发掘的无限潜能。这不仅是对孩子天性的尊重，更是对他们未来成长的投资。当孩子们在无拘无束的游戏中奔跑、欢笑、创造时，他们的想象力如同插上了翅膀，翱翔于无限可能的天空。作为家长，我们应当成为孩子自由游戏的伙伴与引路人，为他们提供安全、丰富的游戏环境，鼓励他们尝试各种新奇

有趣的活动。无论是户外的探险寻宝，还是室内的艺术创作，都能让孩子在享受快乐的同时，锻炼身体、启迪智慧、培养社交能力。父母应该给予孩子足够的自由与空间，让他们在游戏的海洋中畅游，探索未知，成就非凡。

2．成绩不是唯一标准

考试成绩是学校在教学过程中对学生的某门课程，在一定阶段的检查所做的成绩评定。它只在一定程度上反映学生的知识掌握情况，并不能反映孩子的智力水平和综合素质，更不能用来衡量学生的优劣。作为家长，注重孩子的学习成绩，是关心孩子的一个具体表现，但如何看待分数，却是一个科学而又严肃的问题，它反映出家长对子女教育的态度、方法及其成败。

因此，家长应超越分数的局限，以更广阔的视角审视孩子的成长。鼓励孩子探索未知，培养好奇心与创造力；重视品德教育，引导孩子形成正确的价值观；关注身心健康，确保孩子全面发展。通过积极的家校合作，共同为孩子的未来铺设坚实的基石，让他们在爱与理解中自信前行，成为既有知识又具备良好人格特质的新时代少年。

家长应以分数为镜，照见孩子的努力与潜力，而非定义其全部。携手孩子，共绘多彩成长蓝图，让爱与智慧同行！

3．让孩子保持好心情

在学习的时候，孩子首先要有一个良好的精神状态，才能有良好的学习心理。这个道理显而易见，恐怕很少有家长会反对，然而在实际行动中，却有不少家长经常把孩子的心情与学习割裂，他们对孩子的情绪变化极不敏感，满脑子都是“学习，学习”，甚至认为孩子“小小年纪，什么心情不心情的”。这实际上是把孩子看成了没有七情六欲的“学习机器”，必然导致孩子的逆反心理和厌学心理。因此，让孩子保持良好的心情是非常重要的。

成长密钥

父母如果过度强调学习成绩和追求高分，可能会让女儿感到压力巨大，甚至产生自我怀疑和挫败感。在这种情况下，她可能会对学习产生反感，导致学习效果下降，甚至影响身心健康。因此，作为父母，要明白自己的女儿不是学习机器，她应该有自己的兴趣和爱好，她是独一无二的，值得被尊重和欣赏。

父母若一味追求高分，易使女儿心灵负重，丧失学习乐趣，甚至危害身心。我们应成为她坚实的后盾，而非分数的奴隶。鼓励她拥抱多彩世界，让兴趣成为最好的老师。记住，每个孩子都是独一无二的艺术品，需要我们用心欣赏，耐心培育，让其在爱与自由中茁壮成长。

第五章

赏识——每一点儿成功都值得被看见

没有赏识就没有教育。赏识女儿的每一点成功，是父母应当秉持的教育理念。当细心观察并欣赏女儿的每一个小小进步，无论是在学业的提升上，还是在兴趣爱好的发展上，我们都能为她注入更多的自信和动力。这种赏识不仅仅是对她现有成就的认可，更是对她努力付出的肯定。这会鼓励女儿保持好奇心，勇于尝试新事物，不怕失败，因为她知道，即便跌倒了，也有父母的支持与鼓励。

家庭圆桌

请认真思考是否做过以下事情，做过的画“√”，没做过的画“×”。

① 用赏识的眼光看待女儿。(　　)

② 时常鼓励女儿。(　　)

③ 发现女儿身上的优点。(　　)

④ 在生活中经常赞美女儿。(　　)

人性中最本质的需求就是渴望得到尊重和欣赏。每个孩子都希望得到父母的赏识。赏识教育让女儿在成长的道路上更加坚定和自信，也让她学会珍惜每一个努力和成功的瞬间。作为父母，让我们不断地为女儿加油鼓劲儿，让她在爱与关怀中茁壮成长，绽放出最灿烂的光芒。

赏识的力量：女孩成长的秘密武器

女儿内心深处最渴望的，其实是父母的赏识。她希望自己的努力被看见，自己的成就被肯定，自己的情感被理解。因此，作为父母，我们在看到女儿缺点的同时，更要看到女儿的优点，特别是发现她与众不同的优点，要学会欣赏自己的女儿。

当女儿稚嫩的肩膀背起书包走进校门时，我想象着女儿第一次戴上红领巾时的喜悦，第一次拿着100分试卷冲向我的情景，被老师选为班干部时的兴奋……可是这一切都没有发生。我曾有一种失落感，担心女儿不是成为好学生的料儿，更担心原本胆小的她会更不自信，难道孩子就输在了起跑线上？不，我不能让女儿有这种感觉。

在接下来的日子里，我用赏识的眼光去发掘女儿的优点。女儿每做一件事，我都用赞赏去肯定她：第一次烧菜，尽管难以下咽，但我还是吃得津津有味；第一次擦地板，虽然我偷偷地又擦了一遍，但也大大表扬了她一番，使女儿更加有信心帮我做家务。有时候我很忙，很晚回家，她会把饭菜烧好，早上自己会做早餐吃，这是很多同龄孩子都做不到的，我为她感到自豪。

每当女儿把考试的试卷拿回家，我不是光看她的错题，而是从头至尾分析下来，觉得哪些地方做得很好，例如造句很优美，描述很生动，并偷偷告诉她，有些题甚至连妈妈都不会做。女儿得到表扬后，就马上明白有几道题实在是太不应该错，表示下次一定会认真对待。我总是不断地去鼓励女儿，如“你很棒”“你一定行的”“妈妈相信你”“妈妈为你骄傲”……我和女儿经常听成功激励大师的演讲，让她觉得自己是很棒的。渐渐地，女儿在赏识的环境中变得越来越自信、越来越出色。

教育札记

1. 善于发现孩子的优点

假设一张白纸上有个黑点，通常我们都只会注意到那个黑点，而忘了白色部分的存在。同样的道理，一个孩子如果有 90% 的优点，而只有 10% 的缺点，一般的人似乎都看不见他的优点。

因此，在孩子的日常行为中，虽然他们会表现出不同的优点和缺点，对于缺点，家长总能十分敏锐地发现，而优点却总是无法发现，甚至视而不见。这种做法是不正确的。作为家长，在审视孩子的成长轨迹时，我们不仅需正视其不足之处，更应将目光聚焦于他们独有的闪光点之上，特别是那些令人眼前一亮的特质。当然，这种做法并不是说要忽视孩子的缺点，对孩子护短，也不是夸大孩子的优点，使他盲目骄傲自大，而是为了从整体上树立起一种理念——“我的孩子是最棒的”，也让孩子树立起一种信心——“我是最好的”。

2. 善于发现孩子的努力

有时候，也许孩子所取得的成绩并不优异，但是付出的努力和收获却是宝贵的。例如，一道比较难的数学题，孩子通过苦思冥想，终于想出了解题过程。当运算的时候，他却因为马虎，算错了一个数，最后导致答案错了。这时，我们首先该怎么做呢？是训斥孩子算错了，还是表扬孩子找到了解题的方法？许多家长都会首先想到前者，他们只看到孩子的答案错了，而没有看到做题过程中孩子的努力与收获。所以，建议父母，当你们觉得孩子错了，想骂他、打他的时候，一定要从另一面去“发现”孩子。

成长密钥

作为父母，我们的肯定和鼓励对女儿来说至关重要。一句简单的“你做得很好”“我为你感到骄傲”或者是一个温暖的拥抱，都能让女儿感到被深深的爱和关心包围。对女儿来说，父母的赏识不仅仅是夸奖，更是动力，能让她在面对困难时更有信心，更有勇气。因此，我们应该多给女儿一些正面的反馈，让她知道她的努力和付出是值得的。

儿童的心灵是敏感的，它是为着接受一切好的东西而敞开的。

赏识和鼓励是女孩成长的双重动力

在赏识女儿的同时，父母更应该鼓励她，因为鼓励能够激发女儿更大的潜力和动力。赏识是对女儿过去努力的肯定，鼓励则是推动她继续前进的动力。

女儿梅梅小的时候学东西比别的孩子慢半拍，为此，我们非常苦恼。但却经常鼓励她要多学、多问。不让女儿觉得她比别人差。

后来，梅梅上小学了，正当我们都认为她不会取得什么好成绩的时候，女儿却带回了一张 100 分的试卷。这是一张数学测验的试卷，上面被老师画满了红色的对勾。

“这是你的卷子吗？”我吃惊地问女儿。

“当然是我的，上面有我的名字啊！”女儿一脸自豪。

“梅梅真不错，告诉妈妈你是怎么考出这么好的成绩的？”

“老师讲课的时候我经常听不太懂，所以下课之后同学们都出去玩儿，我就把不懂的地方拿去问老师，老师再给我讲一遍，我就全懂了！做作业的时候如果有不会做的题，我就把老师讲的课再复习一遍，不会做的题也就会做了。所以，考试的那些题目我都会做，就考了 100 分！”女儿高兴地说。

听了女儿的话，我的眼圈儿一下子红了。虽然自己的孩子算不上聪明，却如此好学和努力。

“梅梅真是个努力的好孩子！希望以后你要更加努力，争取下次也能取得好成绩。”我含着泪说。

“嗯，妈妈你放心，我以后一定还会考第一名的。”女儿笑着说。

看着女儿自信而坚定的笑容，我深刻体会到，赏识的魔力竟是如此非凡。

教育札记

1．让孩子在鼓励中感受到关怀

既然家长是想鼓励孩子学习，那么肯定不希望孩子讨厌学习。但是想一想，孩子如果每天回家都听到父母说："好好学习去吧。"他的心里该是多么厌烦！他会觉得父母除了关心学习，根本不在乎别的。这个时候，他对学习哪里会有好感呢？

鼓励孩子学习，首先要给予他足够的信任，认为他可以做得好；其次是要他量力而行，除了学习，还要结合自己的实际，不要太劳累，不要强迫自己。孩子听父母这么说，感受到的不仅是鼓励，还有来自亲人最真诚的关怀，这会让他心里觉得温暖。同时，学习带给他的压力也会因此化解。

2．善于用孩子的成功经验来鼓励孩子

这一点很重要，因为成功的经验能极大程度地加强一个人的成就动机，增强一个人克服困难的信心。当孩子面临一个新的挑战时，你可以帮助他们回想以前类似情况的成功体验。这类成功经验与当前情况的时间越接近，激励作用就越大。

成长密钥

鼓励女儿，意味着在她面对困难时，我们给予她勇气和信心，让她知道困难只是暂时的，只要努力就一定能够克服。父母的鼓励能够培养女儿的自尊心和自信心，让她在成长过程中更加坚定和勇敢。鼓励她，就是相信她有能力去实现自己的梦想，去创造属于自己的未来。

擦亮双眼，发现女孩的隐藏优点

父母要善于发现女儿的优点，因为每个孩子都是独一无二的，都拥有自己的特长和潜力。父母通过发现并赞赏女儿的优点，不仅能够增强女儿的自信心，还能激发她更多的潜能。

女儿是一个性格内向的孩子，因此和同学之间的关系比较疏远。为此，我很担心女儿会越来越自闭，影响心智的发展。

一次偶然的机会，我发觉女儿很有唱歌的天分，只是因为害羞，很少在外人面前表演。听说学校里马上就要组织演唱比赛了，班里打算组织一个小合唱队，我便找到女儿的班主任提出自己的想法。

果然，在班主任举行的一次领唱的选拔中，女儿位列其中。

第一次参加这样的活动，女儿很紧张。

我安慰她："你的歌确实唱得不错，要相信自己。"

"但是我……"女儿还是很犹豫。

"但是你害怕因为紧张而发挥失常对不对？"我一语道破了女儿的心事，"你放心，我和你爸爸会帮助你的。"我鼓励女儿说。

为了锻炼女儿的胆量，先由我和她爸爸充当她的听众，然后听众从家人增加到亲戚。随着听众的增加，女儿的胆量也越来越大。在班里举行的领唱选拔赛上，女儿一举胜出，成为班里合唱队的领唱。

有了第一次的突破，女儿的性格也有了不小的变化。在同学们的支持下，女儿和合唱队的同学一起积极练习，比赛最终取得了第二名的好成绩。而女儿也通过这次活动，和同学之间的关系有了很大的改善。

教育札记

1. 善待孩子的缺点

“金无足赤，人无完人。”世界上十全十美的人是没有的，何况是正在成长的孩子。很多父母主张有错必纠的教育方法，对孩子的一举一动、一言一行都严格要求，认为孩子有错不改，纵容下去会出大问题。诚然，对孩子严格要求是必要的，但要注意把握好度。如果对孩子过于苛刻，有错就批评，有问题就惩罚，势必会产生消极影响。

面对孩子的缺点，父母不要嘲讽、责怪甚至放弃，而是应该抱着赏识的态度，多给孩子创造一些尝试错误、改正错误的机会，多给孩子一些自由呼吸的空间，把发现孩子过失的精力放在问题的解决上，多给予其鼓励、关怀和支持，这样才会收到事半功倍的效果。善待孩子的缺点，就会发现孩子更多的优点，还会让孩子更好地改掉缺点。

2. 用全面的眼光看待孩子

父母不能只是盯着孩子的学习成绩。性格、文明礼貌、劳动表现、人际交往、文体才能、兴趣爱好、动手能力、卫生习惯等，当然还有学习，都是评价孩子的因素。父母考虑的面宽了，就不难找到值得表扬的内容。

即使对学习本身也应全面地去分析，不能只看分数。学习认真程度，预习复习情况，各门功课情况，写字是否工整，卷面是否干净，会不会使用工具书，愿不愿向老师请教，有没有自己检查作业的习惯等，都应思考一下，也会找出孩子的优点。总之，父母不可对孩子“只攻其一点，不及其余”。

成长密钥

要发现女儿的优点，父母需要细心观察，留意女儿在日常生活中的表现。也许她在某个领域表现出色，如音乐、绘画、体育等；也许她具有某些优秀的品质，如善良、勇敢、坚韧等。无论是什么，都值得我们去肯定和赞赏。

步步为营，为女孩的每一点儿进步喝彩

当女儿在学习、生活或兴趣爱好上取得一点儿小小的进步时，父母应该敏锐地捕捉到这些变化，并及时给予积极的反馈。因为每一点儿微小的进步都是女儿努力的体现，都值得被肯定和赞扬。这样的欣赏不仅能让女儿感受到自己的努力被看见和认可，更能激发她继续努力、不断进步。

我第一次去参加女儿的家长会时，班主任说："你的女儿有多动症，在板凳上连三分钟都坐不了，你最好带她去医院看一看。"回家的路上，女儿问我，班主任都说了些什么，我鼻子一酸，差点儿流下泪来。因为全班30位小朋友，只有我的女儿表现最差，唯有对我，班主任表现出不屑。然而，我还是告诉女儿："班主任表扬你了，说宝宝原来在凳子上坐不了一分钟，现在能坐三分钟了。其他的妈妈都非常羡慕我，因为全班只有宝宝进步了。"那天晚上，女儿破天荒吃了两碗米饭，并且没让我喂。

女儿上小学了。家长会上，班主任说："全班50名同学，这次数学考试，你女儿排在第40名，我们怀疑她智力有些障碍，你最好能带她去医院查一查。"走出教室，我流下了眼泪。当回到家时，我却对坐在桌前的女儿说："班主任对你充满了信心。他说了，你并不是个笨孩子，只要能细心些，一定会超过你的同桌，这次你的同桌排在第21名。"说这话时，我发现，女儿黯淡的眼神一下子充满了光亮，沮丧的脸也一下子舒展开来。我甚至发现，从这以后，女儿温顺得让我吃惊，好像长大了许多。

女儿上了初中，又一次家长会。我坐在女儿的座位上，等着班主任点女儿的名字，因为每次家长会，女儿的名字总是在差生的行列中被点到。然而，这次却出乎我的预料，直到家长会结束，我都没听到女儿的名字。

我有些不习惯，临别去问班主任，班主任告诉我："按你女儿现在的成绩，考重点高中有点儿危险。"听了这话，我非常意外。走在路上，我搂着女儿的肩膀，心里有一种说不出的甜蜜，并告诉女儿："班主任对你非常满意，他说了，只要你努力，很有希望考上重点高中。"

女儿高中毕业了。第一批大学录取通知书下达时，学校打电话让女儿去学校一趟。我有一种预感，女儿肯定是被第一批重点大学录取了，因为在报考时，我就对女儿说过，相信她能考取重点大学。女儿从学校回来后，把一封印有复旦大学招生办公室的特快专递交到我的手里。然后就转身跑到自己的房间里大哭起来，女儿边哭边说："妈妈，我知道我不是个聪明的孩子，可是，这个世界上只有你能欣赏我……"

教育札记

1. 留意并认可孩子的进步

当孩子面临挑战时，即使结果不尽如人意，过程中的努力与尝试仍值得珍视。以复杂的数学题为例，孩子虽然历经思考找到了解题方法，却因疏忽导致最后答案错误。此时，我们首要之举并非责备孩子的失误，而应赞赏他解决问题的努力与创意。许多家长往往过于关注结果，而忽视了孩子在过程中的成长与收获。因此，当欲对孩子施以批评时，您不妨换个角度，从他们的努力与付出中发现他们的闪光之处。

2. 表达对孩子进步的喜悦

当孩子进步时，我们要向他做出鼓励的表示，如点头、微笑、拥抱、竖起大拇指等。要常常把一些赞赏的话挂在嘴边，如"有进步！""继续努力！""没关系，我相信你一定能行！""好棒！""没关系试一试！""不错！""真能干！"。

成长密钥

欣赏女儿的一点点进步，需要父母摒弃苛求的心态。有时候，我们的期望值可能过高，忽略了女儿实际的水平和努力程度。学会欣赏那些微小的进步，可以让父母更加客观地评价女儿的表现，也更能体会到女儿成长的喜悦。

赞美是照在人心灵上的阳光，没有阳光，我们就不能生长。

赞美让女孩飞得更高

父母对女儿不要吝啬赞美之词，因为赞美是女儿成长过程中不可或缺的阳光和雨露。赞美不仅仅是一句话，更是一种情感的传递和心灵的触动。当我们真诚地赞美女儿时，她能够感受到我们的支持和鼓励，从而更加自信、勇敢地面对生活中的挑战和困难。

我在单位经常会上夜班，因此我白天大部分时间都在休息。这天，我睡得正香，却突然被女儿摇醒了，原因是她想告诉我：今天她很开心。

我问她是什么事这样开心，是考了100分，还是作文被老师当作范文了？

女儿却说："才不是呢！那有必要把你喊醒吗？"

我看着笑容满面的女儿说："什么事？快告诉妈妈。"

女儿高兴地说："今天老师在课堂上表扬我了，而且是数学老师。"

我也非常惊讶："真的吗？"因为女儿的数学成绩一直是中等水平。女儿点了点头，当我还想说什么时，女儿却蹦跳着走了，并抛下一句话："我去做数学作业了。"

我发现从这天开始，女儿回家做数学作业的积极性高涨，不论什么时候总是很主动，也不用我提醒了。

教育札记

1. 赞美要发自内心

赞美应该是真诚的，是发自内心的。赞美不是恩赐，不要以为孩子还小，父母就可以随便应付他，也不要以为自己是家长，就可以用居高临下的语气和孩子说话。再小的孩子也有自己的思想，再小的孩子也能感受到父母的语气有几分是发自内心。所以，当父母在赞美自己的孩子时，需要拿出真诚，最好蹲下来和他交谈。

2. 当众赞美孩子

大人应当在众人面前赞美孩子。因为，我们一旦把孩子的成绩当众传播了，这就是双重奖励。经过努力孩子做出了成绩，或者做完了应当做的事情，他都应该得到赞美。但要注意在日常生活中不要重复赞美某件事情，当孩子养成良好的习惯后，就可以适当减少对孩子这一方面的赞美。

3. “出乎意料”的赞美

有时候，“出乎意料”的表扬，会让孩子加深对自己的认识。

10 岁的宏宏因为成绩差而一直被老师忽视，当然更不会被表扬，然而在更换新班主任后这种情况就变了。一次上课，新来的班主任突然点了宏宏的名字，不过这次不是批评而是表扬，原来宏宏每天早上来教室擦桌子时总是连同桌的桌子和椅子都擦了，有时值日生未将黑板擦干净，宏宏也会主动去擦。班主任注意到宏宏的这些细节，表扬她关心同学，热爱班集体。宏宏当时不好意思极了，她本来就不指望自己能得到表扬。由于宏宏的自信多了一些，在班上学习好的同学的帮助下，她的成绩也就慢慢提高了。

成长密钥

赞美不仅能让女儿感受到被爱和被重视，还能激发她内心的积极力量和自信心。因此，作为父母，当女儿取得进步时，我们要及时肯定她的努力和成就；当女儿遇到困难时，我们要鼓励她勇敢面对，相信她能够克服；当女儿展现出优秀的品质时，我们要毫不吝啬地称赞她，让她知道这些品质是值得骄傲和发扬的。

第六章

尊重——解锁与女儿和谐相处的全新模式

尊重是建立健康亲子关系的关键。每个人都有自尊心，孩子的自尊心更应该得到父母的尊重。在与女儿相处时，我们需要改变传统的命令和控制模式，采取更加尊重和理解的态度。通过与女儿平等对话，我们可以建立更加亲密的亲子关系，增强她的自尊心和自信心。

家庭圆桌

请认真思考是否做过以下事情，做过的画“√”，没做过的画“×”。

① 爱女儿，也尊重女儿。(　　)

② 允许女儿交友。(　　)

③ 告诉女儿自己的事情要自己做。(　　)

④ 引导和发展女儿的业余爱好。(　　)

⑤ 培养女儿对金钱的管理意识。(　　)

尊重是父母与女儿相处的重要原则。通过相互尊重，父母与女儿之间能够有更多的沟通和理解，从而建立起更加健康、和谐的家庭关系。只有以尊重和理解为基础，父母才能与女儿共同成长，创造更美好的未来。

用爱和尊重发掘女儿的无限可能

父母爱女儿更要尊重女儿，因为尊重是建立健康亲子关系的基础。尊重意味着给予女儿独立思考和选择的权利，让她在成长过程中感受到自主和尊严。尊重也意味着理解和接纳女儿的独特性，不将自己的期望强加给她。当父母尊重女儿时，女儿会更加自信地表达自己的观点和想法，敢于追求自己的梦想。

13岁的女儿是个懒散的人，自己的小房间里总是弄得乱七八糟。周六，我推开女儿的房门，进去帮她打扫卫生。“妈妈你进来干吗？出去出去！”女儿很不高兴地朝我挥着手。

“没看见你的房间都脏成什么样了吗？”我不顾她的抗议，拿起扫帚扫起来。

“你看见我房门上‘请勿打扰’的告示了吗？不要随便进我的屋子，好不好？要进来也应该敲门呀！”

“那你以后自己把房间弄整洁啊！”

“那是我的事，不要你管！”女儿生气地说。

“你这孩子，怎么说话呢！”

“妈妈，你应该尊重我，我也是大人了呀！”

我生气地从女儿房间里退出来。一看女儿的房门上，真的挂着一个漂亮的挂饰，可以用手拨动，每拨一格就有相应的话出现，如“我正在看书，请勿打扰”或“进门之前先敲门”等。

这时，我意识到，尊重女儿的选择与空间，是爱的另一种表达。此后，我会更加注意，与她共同成长。

教育札记

1. 改变命令的语气

比如，提醒孩子该做作业了，可以这样说："到时间了，你是不是该做作业了？"而不要直来直去地说："别看电视了，快去做作业！"

再比如，让孩子帮家长做一件事情，可以这样说："你能帮我把那件衣服拿来吗？"而不要说："把那件衣服给我递过来。"

如果孩子帮你做了，你还要记得说一声"谢谢"。这样，孩子就会感觉你很尊重他，心情会很愉快，而且也很愿意听家长的话。

2. 少窥探孩子的"隐私"

很多孩子都特别反感家长翻看自己的书包，偷看自己的日记。而家长之所以这么做，主要是想借此了解自己孩子的所思所想，担心孩子有什么事瞒着自己，有利于及时进行教育。家长的想法没有错，因为孩子毕竟是需要父母的教育和引导的。但是，难道没有更好的办法了解孩子吗？有！那就是多和孩子交朋友。

家长平时应多抽时间和孩子聊聊天，问一问孩子学校里的事情、人际关系情况、对一些事物的看法等。如果女儿告诉你一些真实感受和想法，如对某位男同学有好感，或某位男同学对她有好感等，千万不可指责她，要站在孩子的立场先去理解她，然后告诉她该怎么办。对于孩子遇到的一些人生困惑，父母要耐心地给他们指导和帮助，为他们解惑答疑。

孩子感受到父母对自己尊重和信任，他们也会越来越信任父母，就会把父母当成倾诉对象，而不是保密对象了。

3. 正视孩子间的差异

由于受遗传因素和不同环境的影响，孩子间存在着一定的发展差异，这并不奇怪。可有些家长总喜欢拿自己家的孩子与别人家的孩子比。当自己家的孩子比别人家的孩子强时，父母就沾沾自喜，反之就不停地数落、讽刺、挖苦自己家的孩子，这样很容易使孩子消沉、迷惘。由于年龄小，见识少，他们往往以父母、他人的评价来评价自己，过多的批评、责骂容易使年幼的孩子迷失自我。

其实每一个孩子的身心发展特点都是各不相同的，父母不能用别人家孩子的长处来比掉自家孩子的自信，也不要因孩子某方面的欠缺而否定他的一切，更不能照搬别人家孩子的成功个案来培养自己家孩子。父母要有足够的勇气承认并正视孩子间的差异，要怀着沉稳的心态耐心引导孩子，以他们自己的速度成长。父母要牢记，对孩子的信任与尊重是促使孩子健康成长的最佳营养品。

成长密钥

父母爱女儿的同时，更要尊重女儿。其中，沟通时也需要父母保持耐心和理解，倾听她的想法和感受。同时，父母也应该避免批评和指责女儿，用平和的语气和态度去引导与支持她效果会更好。这样的方式不仅能够增强亲子之间的信任和理解，还能够培养女儿的健康人格和积极心态。

凡是我自己需要的，我欣然接受；我不需要的，我就决不希求。

释放交友权，为女儿的未来添砖加瓦

父母应该学会放手，让女儿拥有交友的权利，因为交友是女儿成长过程中不可或缺的一部分。通过与同龄人的交往，女儿可以学会如何与他人建立关系、处理人际关系中的冲突和问题、培养社交能力和情感表达能力。

有一阵子，女儿总是丢铅笔。一问原因，原来她的同桌经常只准备一支铅笔，不够用就借她的，女儿大大咧咧的，也无所谓还不还。孩子之间互相帮助是好事，但是我却有些担心。

女儿对自己的物品不珍惜，这不是一个孩子应该具备的负责态度；她不及时催还，或许是有面子上的障碍，但以后的社会交往中总会遇到进退两难的处境，一味地让孩子选择退缩，这不是最好的办法。而对那个女孩子，这事儿不利于自理能力的培养；借了别人的东西，不及时归还，事后也没想到要归还，这很显然也不利于其心智的发展。

要怎么处理呢？很多朋友为我出主意，最后我慎重地采取了一个办法：特意挑了两支漂亮的铅笔，并帮女儿削好。我把这两支铅笔交给女儿，告诉她：这是送给你同桌的。同时，让女儿跟她说：我们小朋友，要自己准备和保管好自己的学习用品，即使借，也要及时还给别人。

第二天，小女孩备齐了文具。女儿也很高兴，因为她不仅帮助了他人，而且自己能够主动解决朋友交往中的难题了。

这次经历让女儿更加明白了帮助他人的快乐，也让她学会了如何在人际关系中更加主动和积极。她开始更加珍惜与朋友们之间的友谊，用心经营每一段关系，让她的世界因友谊而更加温暖和多彩。

教育札记

1. 允许孩子结交新朋友

在今天这个瞬息万变、生活节奏快捷的社会，一个没有朋友或者不懂得交友的人，必将被社会淘汰。再说，一个长期“独学”的孩子，不仅会造成性格孤僻，而且不利于思维的发展。

结交朋友是一个人心理健康的重要标志。大多数孩子在童年时代都会找到几个能帮助自己、互相理解、共享欢乐、分担痛苦的伙伴。事实证明，朋友之间的交往有利于发展思维能力。所以，家长不但不应阻止孩子交友，反而应该支持孩子交友。

2. 为孩子创造交往机会

心理学家托马斯·伯恩特指出：一个孩子只有经常和朋友们在一起，才能增进友谊。因此，父母要为孩子交友牵线搭桥。例如，可以把别的孩子请到家里来一起玩儿，让他和别的孩子一起出去玩儿。刚开始时，最好先把性格比较内向的孩子请到家里来。因为内向的孩子在和外向的孩子一起玩儿时，容易产生自卑感，经常会冷冷地在一旁观看，不积极参加游戏。因此，应当等自己的孩子在和内向的孩子交往中产生了愉快体验之后，再扩大交往，过渡到和外向的孩子一起玩儿。

3. 鼓励孩子走出家门

交往的技能只有在与人交往中才能学会。家长应该尽可能地为孩子打开生活空间，鼓励孩子走出家门，广交朋友，如参加夏令营等各种各样的集体活动，这些都是很好地培养孩子交际能力的场所。参加集体活动是提高交往的重要途径。孩子在集体活动中，不仅可以结识许多小伙伴，还可以在了解他人的基础上了解自己，学会用集体交往的规则调节自己的言行，学会尊重他人、信任他人、谅解他人、乐于助人，学会调节集体和个人的关系。

4. 重视孩子的交往困难

孩子在与他的伙伴交往中都会或多或少地产生一些摩擦。父母在孩子出现不愉快情绪的时候，要注意以关爱的方式去询问孩子。如果孩子在交往中真遭遇了挫折，父母最好能和孩子面对面地坐下来好好谈一谈，讨论什么是真正的友谊、应该怎样解决矛盾等话题，并指导和帮助孩子处理交往中的困难。

同时，父母还应当教会孩子一些情绪管理的技巧，比如深呼吸、积极思考等，帮助他们在面对不愉快时能够冷静应对，而不是冲动行事。通过这些方式，不仅能缓解孩子的负面情绪，还能培养他们解决问题的能力，使他们在未来更加自信地面对人际交往中的挑战。

此外，父母要给予孩子足够的信任和支持，相信他们能够处理好与伙伴之间的关系，即使遇到挫折也能从中学习和成长。这样的信任和支持，会成为孩子勇敢前行、不断探索未知世界的强大动力。

成长密钥

还给女儿交友的权利，意味着我们信任她的能力和智慧，相信她能够处理好人际关系，并从中获得成长和收获。这样的信任和支持会让女儿更加自信和独立，更加积极地与他人交往，从而更好地融入社会。

童年不留遗憾，给女儿足够的玩耍时间

父母要允许女儿有一些玩儿的时间，因为玩耍是孩子的天性，也是她们成长中不可或缺的一部分。玩耍可以帮助女儿放松心情，释放压力，培养创造力和想象力，对她们的身心发展都极为重要。父母应该理解并接纳这一点，给予女儿足够的时间去享受玩耍的乐趣。

一天，女儿突然对我说："妈妈，做大人真好，不用做那么多的作业……"我拿起她的家庭作业本一看，上面写着：

星期三

数学：（1）探究完成 P14、P18、P19 的练习；（2）预习课本 P14、P15 并让家长签名。

语文：（1）完成《导学与测试》；（2）抄写第 6 课词语；（3）预习综合训练。

星期四

语文：（1）完成《导学与测试》第一单元综合测试；（2）听写第 6 课词语，预习第 7 课 5 遍。

数学：完成《一课一练》P12 ~ 15 并让家长签名。

星期五

语文：完成一张双面试卷并写一篇作文。

数学：（1）探究完成 P20、P22 的练习并让家长签名；（2）预习课本 P16、P17 并完成练习。

星期六

语文：写一篇周记，修改并重抄上周的作文，参观并写一篇关于岳阳楼的作文，写一个通知，《课堂目标测试》上的两页练习、语文课本上的听写等。

数学：一页练习题，大小题共25道。

看着这些密密麻麻的作业安排，我心疼地拥抱了女儿，温柔地说："宝贝，学习固然重要，但休息和玩耍也同样不能少。妈妈会和你一起，合理规划时间，确保你有足够的放松和玩耍时间。"女儿顿时开心起来。

教育札记

1. 不要剥夺孩子玩耍的时间

为了让孩子出类拔萃，父母往往通过各种活动、辅导班和学习资料把孩子的时间填得没有一点儿空隙。与此同时，孩子的自由玩耍——如捕蝴蝶、玩木头、石块、布娃娃，或与父母在一起做游戏，却在匆匆忙忙的时光中丢掉了。其实玩耍对儿童成长益处很多，可以促进他们的身心健康、创意、自信心、同情心、想象力、社交能力、平衡感、时间空间观念、手指灵活度、逻辑思维、选择与判断能力、语言表达能力等。

美国的一项研究表明，缺乏自由玩耍的时间会给孩子和父母都带来压力，会增加肥胖的风险，甚至是许多孩子抑郁症、孤独症的罪魁祸首。因此，父母不要剥夺孩子玩耍的时间。

2. 不要将分数摆在第一位

衡量一个人是否有才能，不能只看分数的高低，因为分数不能用来判定考试以外更多的东西。现代心理学认为，人的能力，除智力，还有语言能力、交际能力、动手操作能力和运动能力等。总之，家长应该清楚，在大力提倡素质教育的今天，孩子考试分数的高低，不足以代表其综合素质的全面发展。

3. 让孩子自由支配时间

让孩子自由支配时间，这意味着孩子拥有实现自我、用创造性的方法表达自我的机会。剥夺孩子自由支配的时间，实际上是在剥夺孩子成长和发展的机会。通过对城市独生子女的调查发现：有更多自由支配时间的独生子女，自信心更强，并且比自由支配时间较少的独生子女有更强的成就需要。因此，家长应转变观念，给孩子足够的自由支配时间，帮助孩子有效地利用时间，发现生活的乐趣，展示自己的才华，使其能够更健康、更自然地成长！

成长密钥

作为父母，我们不应过分强调女儿的学习成绩，而应鼓励女儿在玩耍中探索世界，培养兴趣爱好，让她在玩耍中得到快乐，学到更多的人生经验和知识。

天才，就是强烈的兴趣和顽强的入迷。

谁说只能学习，业余爱好同样精彩

作为父母，我们应该鼓励女儿尝试各种不同的业余爱好，帮助她发现自己的兴趣和特长。通过参与自己感兴趣的活动，女儿能够培养自己的兴趣爱好，丰富自己的生活体验，提升自己的幸福感和满足感。

女儿已经上初中了，依然淘气爱玩儿。尤其是最近，她迷上了网络游戏，虽然都是在完成作业后才玩儿，但是每次都玩儿到很晚。我非常担心这样玩游戏会干扰女儿的正常作息，影响她第二天上学。

晚上，我发现女儿的房间又隐约透出光亮，知道她还在玩游戏，就打算和女儿谈谈。

我敲门，进了女儿的房间，在她的旁边坐下。

“不必紧张，我不是来说你的，是想和你聊聊天。”

女儿点点头：“嗯，我想因为玩游戏没完成作业，你一定会生气，所以就先完成作业了。”

“你做得很好，乖女儿。”我摸摸她的头，“妈妈想通了，我不反对你玩游戏，只是希望你不要每天玩儿，也不要因为玩游戏影响你的休息，好不好？”

“好，我知道你是为我好。”

“这才是我的好女儿。”我把一张纸递给女儿，“今年暑假你可以去学学这个。”

女儿接过纸，这是一个电脑游戏编程学习班的报名表。

“谢谢妈妈，我答应你，绝对不会影响学习！”

“我相信你。”

从此之后，女儿再也没有玩游戏到深夜，而且还在我的支持下参加了游戏比赛，取得了不错的成绩，和我的关系也更近了。

教育札记

1．支持孩子的课余爱好

作为父母，一味地反对孩子的爱好，很可能会伤害到孩子。其实完全可以用辩证的态度看待问题，既然一味地反对孩子的爱好会伤害孩子，不如有技巧地让孩子在爱好与学业上找到平衡。事实上，只要是健康的爱好，都可以对孩子的学习起到辅助作用，还能避免让孩子变成“书呆子”。

2．给孩子创造一个良好的环境

孩子的潜能如同种子，只要有适宜的条件就会生根、发芽、结果。也许家长在给孩子一支蜡笔的瞬间就造就了一位未来的艺术家呢！所以，当孩子表达了关于某种爱好的期望时，父母就应该着手给孩子创设相应的环境。不妨和孩子一起讨论，什么样的环境和条件最合理，也最适合他。

3．期望值不要过高

期望值太高会给孩子带来压力。家长不妨放宽心，走出成名、成家的心理期望，仅仅把爱好当作孩子陶冶情操的一种途径，并把这种平和淡然的心态传达给孩子，让他轻松快乐地成长。

成长密钥

女儿有自己的业余爱好，不仅是她个人发展的需要，也是她全面成长和幸福的重要保障。父母要理解和支持她的业余爱好，并且帮助她平衡学业和爱好之间的关系，让她在追求爱好的同时，也能够保持学业上的进步。

独立第一步，从“自己做主”开始

自己的事情自己做主，这是父母培养女儿独立性和自主性的重要方式。当女儿在成长过程中能够自主决策和承担责任时，她会更加自信和有责任感，解决问题的能力也会更强。

女儿回到家对我说：“今天学校老师让大家报兴趣小组。”

“是吗？那你报了什么兴趣小组？”妈妈很想知道。

“嗯，我还没有决定呢。”女儿低头沉思。

“为什么没有决定？”我有些好奇地问，“要不要爸爸和妈妈帮你参谋参谋？”

女儿摇摇头说：“不用，我想自己做决定。”

“没问题，爸爸和妈妈尊重你的决定。”

第二天吃早餐的时候，女儿告诉我们，她决定报摄影兴趣小组。

“因为爸爸也喜欢摄影。”女儿说出选择的理由。

“那你自己喜不喜欢？”老公问女儿，“关键是你自己喜欢才可以。”

“嗯，我喜欢，我觉得摄影是一件很有意思的事情。”

“摄影不好学哟。”爸爸补充道。

女儿认真地点点头说：“我知道，但是我决定了。”

我和老公对视一眼说：“好，既然你喜欢，那我们就支持你的决定。”

女儿的脸上洋溢着坚定与期待，眼中闪烁着对摄影艺术无限的好奇与热爱。我们为她准备了必要的装备，鼓励她在兴趣的道路上勇敢前行，相信通过不懈的努力，她定能捕捉到生活中每一个美好的瞬间。

教育札记

1．别让孩子过分依赖

现在的家庭多数只有一个孩子，几代人的爱护和关心都集中在一个孩子身上，所以在家里，他（她）就成了“小皇帝（小公主）”。没有父母一口一口地喂，孩子就不肯吃饭；没有父母或爷爷奶奶陪着、拍着，孩子就闹着不肯睡觉；就连和小朋友在一起玩耍也要求家里大人陪着。吃完饭不知道洗碗，上学忘了带学习用具也要责怪家长没有提醒他们，早晨起床根本想不到叠被子，甚至要父母帮着把牙膏挤好才动手刷牙。孩子在学习上遇到一点儿困难，第一个想到的是要求家长帮助解决，而不是独立思考。如果孩子有了坏习惯，作为父母就不能不思考孩子的依赖性是否已经成为坏习惯，有了依赖性的孩子大多缺乏责任心，遇到一点儿困难就想让父母帮助完成，这种依赖父母的习惯对孩子的成长和将来非常不利。

2．不要强迫孩子做事情

家长都希望儿女成才，年轻的父母更是望子成龙、望女成凤心切。在儿女的教育投资上不惜一切，他们聘请教师教孩子写字、认字，甚至弹钢琴。有的孩子生性好静，坐得住，拿支铅笔给他画，他也喜欢。而父母强迫孩子画画、写字、弹钢琴，而且还硬性规定每天必须画几小时、写几小时的字或弹几小时的钢琴。孩子正处于对外界的一切都感到新奇，最爱玩儿的时候，如果父母把他关在屋子里，困在书桌旁、钢琴前，他怎么能受得了呢？而且还是一坐就一两个钟头。于是有的孩子就只想着逃跑。父母发现后，孩子当然少不了要挨一顿训斥，同时还得老老实实地坐回去。

3．给孩子一个小天地

无论家庭的居住条件如何，父母都要给孩子一块属于自己的小天地、小角落。在这个角落里，可放置玩具架及小筐、纸盒等容器，每天给孩子一些自由支配的时间，让他自己做决定，自由地带小伙伴玩耍，自己取放玩具，做一些力所能及的事。

当孩子开始意识到自己的存在，强烈地要求自主，什么都想自己去做，这种独立性的要求是合理的、积极的，也是他们生理和心理发育的必然要求。对于孩子，父母要注意倾听和尊重他们的意见，并且放手，让孩子自己做决定，只有这样孩子才能形成独立的精神和自信、勇敢、沉着等好品格。

成长密钥

作为父母，我们应该尊重女儿的意愿和选择，给予她决策的权利。不要过度干涉或代替女儿做决定，而应该引导她学会权衡利弊、考虑后果，并鼓励她勇敢地为自己的选择负责。

同时，父母也要教育女儿在做决策时考虑他人的感受和需要，培养她的同理心和社会责任感。父母可以与女儿一起讨论问题，引导她思考不同的解决方案，并帮助她分析各种可能的结果。

哪里没有兴趣，哪里就没有记忆。

第七章

人缘——女孩如何成为社交圈的焦点

人缘，是人与人之间相互吸引、相互接纳的纽带。父母要让女儿明白，与人相处时，社交技巧是一方面，内在的修养和态度更加重要。对于女儿来说，学会与人相处是一项重要的生活技能。她需要学会尊重他人、理解他人，以善良和真诚去对待每一个人。为了培养女儿的良好人缘，父母可以教给她一些与人相处的秘诀，让她能够逐渐掌握与人相处的技巧。

家庭圆桌

请认真思考是否做过以下事情，做过的画“√”，没做过的画“×”。

① 教女儿处理人际关系。(　　)

② 引导女儿与人正常的沟通。(　　)

③ 培养女儿的合作意识。(　　)

④ 鼓励女儿与人分享快乐。(　　)

⑤ 教导女儿在力所能及时帮助他人。(　　)

教给女儿与人相处的方法，培养她与他人建立和谐友好的关系。这将为她未来的生活和事业奠定坚实的基础。在日常生活中，父母要鼓励女儿主动与他人交往，积极参与各种社交活动。通过与他人互动，她可以锻炼自己沟通、合作和解决问题的能力，同时也能结交更多志同道合的朋友。当然，在与人相处的过程中，难免会遇到挫折和困难。这时，父母要耐心倾听女儿的困惑和烦恼，给予她建议和指导，帮助她不断进步和成长。

从“小透明”到“人气王”：人际关系的逆袭

处理人际关系是我们日常生活中不可避免的一部分，对于一个人的成长和发展具有深远的影响。学会处理人际关系，女孩将能够更好地与他人沟通、合作和解决问题。

女儿豆豆天生活泼好动，是一个人见人爱的乖孩子。因此，她在人际交往方面处理得非常好，人缘很不错，许多小朋友都喜欢和她一起玩儿。

一天，邻居家的小女孩婷婷拿着一本英语书哭丧着脸来到我们家，请女儿教她英语。原来，婷婷的爸爸要求她每学完一节英语课，必须熟读并弄懂每个单词及句子的意思，不会的问同学和老师，决不允许打“马虎眼”混过去。她答应得好，可实际上并不会做，学过的课文还有很多不懂的地方。婷婷的爸爸检查后，限婷婷在傍晚前必须将不会的地方弄懂。她慌了，急忙来请教女儿。

其实，女儿的英语也不太好，面露为难之色。在旁的我立即鼓励道：“豆豆，你就帮助一下婷婷吧，不会读的地方可以打开复读机听呀，不懂的句子就翻开笔记来看呀，还可以根据单词的意思来翻译呢。”在我的鼓励和提醒下，女儿答应了婷婷的要求，当起“老师”来。“重担”在肩，女儿打开复读机，又翻开笔记本，半天下来，终于替婷婷“解了围”。

第二天，婷婷笑嘻嘻地来到我们家，说是特意来感谢女儿的。原来昨晚她爸爸再次问及那些不懂的地方时，她全部能正确地做出回答，爸爸表扬了她。看得出，此时女儿的内心也充满了成就感。

教育札记

1. 让女儿学会与人和睦相处

一些孩子不善于处理与其他同学的关系，有很大一部分原因来自孩子本身。譬如，有的孩子非常自私，有什么玩具、好吃的零食，甚至学习经验等，都不愿意和他人分享；有的孩子性格急躁，常常与其他同学发生冲突，但又不愿承认自己的错误，就造成了彼此之间的不愉快；有的孩子比较较真儿，与别人意见不统一的时候，就会固执己见、极力争辩，因而也影响了同学之间的关系。

孩子之间相处，难免会出现各种各样的矛盾，这是非常正常的现象。一旦女儿与朋友之间发生不愉快，父母要及时劝诫女儿，要抱着与人为善的态度，讲原则、讲友谊、讲谅解，以他人之乐为乐，为他人之喜而喜，才可以调解矛盾，友好相处。告诉女儿在与人相处时，要做个有心人，善于体察别人的心境，采取不同方式，使别人感受到她的善意与温暖，这样才能很好地与人和睦相处。

2. 让孩子克服害羞的心理

千万不要轻视孩子的害羞现象，这是他们交朋友的巨大障碍。研究表明，有 11% ~ 15%的孩子有过分害羞的倾向。严肃的父母常使害羞的孩子更加胆怯，甚至说话结巴。这时父母如果强行纠正，孩子的结巴会愈演愈烈。父母的不断唠叨或用高压手段纠正孩子，只会使孩子更加恐慌。其实，任何威胁行为，如责骂、讽刺、挖苦或唠叨不仅不会对孩子有丝毫帮助，反而会使他更加退缩，从害羞转为严重的心理障碍。

怎样克服孩子的害羞心理呢？父母可以尝试循序渐进地带孩子去社交场所，例如，母亲可以把女儿带到某个集会或公园，把她介绍给别的孩子，并建议女儿把自己的玩具拿给对方玩儿，也可以让孩子在与同伴的玩耍中锻炼自己。先让她认识一些人，或请几个她信赖的人——友善的邻居、愿意帮助人的叔叔，尤其是朋友的孩子，请他们慢慢地接近女儿。总之，父母应该给孩子创造更多与人交流的机会。

3. 告诉女儿一些沟通的基本技巧

告诉女儿，说话要注意场合，对与自己年龄、身份不同的人说话的语气、措辞是不能一样的。比如，可以和自己关系密切的朋友开玩笑，对长辈就不能这样。

一个人说话的内容即使再精彩，如果没有把握好时机，也可能达不到好的效果或者干脆起了反作用。所以，要让女儿学会根据对方的性格、心理、身份以及当时的氛围等条件，考虑自己说话的内容。

成长密钥

父母让女儿学会处理人际关系，这不仅能够增强她的社交能力，提升她在团队中的表现，还能够为她未来的职业发展打下坚实的基础。

社交犹如空气，人离不了它，但光靠它来维持生命也是不够的。

打造女儿的“黄金口才”，养成沟通高手

父母在女儿的成长过程中，帮助她学会与人沟通是一项至关重要的任务。良好的沟通能力是建立人际关系、增进相互理解、解决问题的关键。

放学了，女儿没有像往常那样蹦蹦跳跳地跑进来，而是一副闷闷不乐的样子。

我赶紧问：“宝贝，怎么了，谁欺负你了？”

女儿摇了摇头，对我说：“爸爸，我觉得同学们不喜欢我。”

“发生什么事了？”我疑惑地问，“为什么说同学们不喜欢你呢？”

“班上有几个同学不爱跟我说话，有时我主动和他们说话，他们还躲躲闪闪的，也不知道是什么原因。我有这么让人讨厌吗？”女儿的语气显得很委屈。

“你先不要胡思乱想，也许这中间有什么误会，等我和你的班主任谈谈再说。”

女儿听了，默默地走进房间做作业去了。之后的几天，女儿一直为这事儿不高兴。

于是，我便去了一趟学校，从老师那里了解到这件事情的原因。

从学校回来后，我走进女儿的房间，和蔼地对她说：“我去和你的班主任谈过了。”

“我是不是什么地方做得不好，他们才不喜欢我？”女儿急切地问。

“宝贝，不是这样的。我问过你的班主任，老师告诉我，几个不太和你说话的同学都是今年刚转学过来的，应该是因为他们对你还不太熟悉，你突然和他们说话，他们觉得很不自然，不知道怎么回答你才好。”

听了我的话，女儿高兴地说："哦，原来是这样。我还以为，我这么令人讨厌呢！"

"怎么会呢，我的女儿可是一级棒的哟，别人喜欢还来不及，怎么会讨厌呢？"

女儿点了点头说："我知道了，谢谢爸爸。"

"女儿呀，和同学相处也是要讲究方法的，沟通可是一门学问呀！只要你掌握好与人沟通的技巧，就能好好地和他们沟通了。"

"知道了，以后我一定会注意。"

女儿眼中闪烁着新的光芒。那一刻，我相信她明白了沟通的力量。在未来的日子里，她将以更加开放和自信的心态去拥抱每一个新朋友，用真诚和技巧搭建起友谊的桥梁，成为社交圈中那颗闪耀的明星。

教育札记

1. 与人沟通时要有积极的态度

家长要告诉孩子，当一个人和别人沟通的时候，如果他想让对方接受自己的意见或是想法，这个时候，就必须表现出自己积极的态度，让对方感受到自己积极的心态，这样才有可能会感染对方，沟通才会成功。如果你在和对方沟通的时候没有让对方感受到你的态度，相反还让对方觉得你满不在乎，那么，对方可能会对你产生一种不好的印象，更不要说接受你的意见或想法了。因此，在和人沟通的时候，一定要保持积极的心态，这样成功的机会才可能更大。

2. 在适当的时机说话

在说话之前要注意把握好时机，要知道，一个人说的话即使再动人、再精彩，如果没在合适的时机，那么，再好的内容也是枉然，甚至有时还会起到反作用。因此，父母要让孩子学会把握时机，把自己的话在最恰当的时机说出来，这样才会起到积极的作用。

3. 把自己的意思表达清楚

人和人之间的沟通就是将一方想要表达的意思传递给另一方，如果倾听的一方能够明白诉说一方的意思，那么，他们之间的沟通就是有效的。因此，父母要让孩子清楚地表达自己的意思，只有让对方弄清楚自己的意思，对方才会对自己的观点有所评论。

4. 选择合适的沟通方式

与人沟通有很多方式，比如，有当面用口头来表达的；有以书信的形式来表达的；随着社会的进步，还可以通过电子媒介来表达。父母要让孩子学会根据不同的沟通内容、沟通目标，结合自己的具体情况，选择一种或者将几种沟通方式结合起来。

在电子媒介日益发达的今天，社交媒体、即时通信软件等也成为不可或缺的沟通工具。它们具有跨越地理界限、快速传递信息的优势，但同时也需要孩子学会筛选信息、保护隐私，以及在网络空间中保持礼貌和尊重。父母可以指导孩子如何有效使用这些工具，比如设置合理的在线时间，避免过度依赖；如何辨别信息的真伪，不轻易相信或传播未经证实的消息以及如何在网络交流中保持真诚和友善。

成长密钥

父母可以教女儿一些具体的沟通技巧，如倾听他人的观点、表达自己的意见时保持礼貌和尊重、寻求共同点以建立共识等。通过持续地引导和练习，女儿将逐渐掌握与人沟通的技巧，并能够在日常生活中更加自信地与他人交流。

从“我”到“我们”，学会关爱他人

让女儿学会关爱他人是教育的重要一环，父母可以通过日常生活中的点滴细节来教导女儿关爱他人。父母要展示出对女儿的关爱，让她感受到被重视和被珍视。这种温暖的情感交流会让女儿学会如何关心他人。

女儿是个活泼好动、充满好奇心和爱心的孩子，然而，随着年龄的增长，她逐渐变得自私起来，不再关心他人的感受。这让我们非常担忧。

一天，我带她参加一个慈善义卖活动。活动现场，她看到许多贫困家庭的孩子，他们的生活条件十分艰苦，却仍然保持着乐观和坚强的心态。这让女儿深感震撼。她开始反思自己的行为，也开始思考自己是否也应该关心他们，尽自己的一份力量去帮助他们。

回到家后，她决定改变自己。她开始关注身边的人，关心他们的感受，尝试提供帮助。她发现，关爱他人并不是一件难事，反而能让自己收获更多的快乐和满足。

有一次，她在回家的路上看到一位老人摔倒了，毫不犹豫地跑过去扶起了老人。老人感激地看着她，说：“谢谢你，孩子。你让我感受到了温暖。”那一刻，女儿的心中充满了喜悦和自豪。

渐渐地，女儿成了学校里有名的“爱心小使者”。她不仅关心同学，还积极参与各种公益活动。在这个过程中，她学会了关爱他人，还培养了自己的领导能力和团队合作精神。

作为父母，看到她的变化，我们感到十分欣慰。关爱他人是一种美德，也是一种能力。我们相信，女儿在未来的生活中，一定会成为一个充满爱心和责任感的人。

教育札记

1. 做孩子的好榜样

要想培养孩子的爱心，光靠嘴巴说是没用的。因为，一个人的爱心，不是一两天能形成的，而是从一生下来就在父母乃至家庭的影响下一点点熏陶出来的。假如一个家庭处处充满了爱心，那这个家庭的孩子同样会成为一个充满爱心的人。长大后，不用别人告诉，他也会去爱别人，也会知道什么是爱的奉献，什么是爱的给予。

俗话说："母慈子孝。"如果做父母的在孩子小的时候，只知道让他吃好的、穿好的，没有对他们进行爱的培养，那么，孩子长大后，他们的爱心又会从哪里来呢？

有这样一个故事。

有一对中年夫妇对年迈的父母很不孝顺，他们把老人安置到一间破旧的小屋里居住，每顿饭用小木碗随便送些东西给老人吃。

一天，他们看到自己的儿子在雕刻一块木头，就问孩子刻的是什么。孩子认真地说："刻木碗，等你们年纪大时好用。"这对中年夫妇听了幡然醒悟，立即把自己的父母请回正屋同自己一起居住，扔掉了那只小木碗，拿出家里最好吃的东西给老人吃。小孩因此也转变了对他们的态度，从此一家三代和睦生活。

所以说，有什么样的父母就会有什么样的孩子。父母对孩子的影响，确实太大了。一个人的性格，都是在孩子父母的影响下形成的，父母给孩子什么样的教育，孩子就会成为什么样的人。

2. 从小开始培养

现代社会，许多独生子女都是在众星捧月似的家庭环境中成长的。有的家长甚至把孩子当成"小祖宗""小皇帝"，对孩子百依百顺，给他们无限关怀与疼爱，却不注意培养孩子爱父母、爱他人的习惯，从而使孩子认为众人对他的爱是天经地义的，不懂，也不会去爱别人。

教育家苏霍姆林斯基说过："善良的情感是良好行为的肥沃土壤。"他还说："良好的情感是在童年时期形成的，如果童年蹉跎，那么，失去的将永远无法弥补。"他的话告诉我们：仁爱是人类最光辉灿烂的人性、最崇高伟大的品德，教子做人，首先要赋予他一颗仁爱之心。

3．与他人和谐相处

孩子刚进入学校生活都会面临人际关系的磨合期，尚未社会化的孩子几乎都会出现以"自我为中心"的现象。看到玩具都想自己先玩儿，而且只想自己多玩儿一会儿，根本不会想到其他小朋友也想玩儿，即使知道其他小朋友想玩儿，也不愿谦让，孩子为玩具经常上演争夺吵架的情节，"轮流""等待"更不属于幼儿自发的行为。

因此，教会孩子把握人际关系，可以在日常生活中做些准备，例如，常常带孩子到公园的游戏场所和一些偶遇的小朋友玩耍，让孩子学会排队、轮流、礼让等秩序，溜滑梯要等前面的滑下后才可以滑。安排孩子到同龄的小朋友家里去玩儿玩具，想玩儿别人的玩具时，应该说"借我玩儿一下可以吗？"也要学习把自己手上的玩具借给别人玩儿，不可以硬抢等。

成长密钥

关爱他人是一种重要的品质。我们应该从小培养女儿的爱心和责任感，让她学会关心他人，尽自己的一份力量去帮助那些需要帮助的人。在关爱他人的过程中，女儿将学会倾听、理解和包容，从而建立起更加和谐的人际关系。

从单打独斗到并肩作战：打通合作壁垒！

让女儿学会与他人合作是父母教育的重要目标之一。父母应该积极为女儿创造合作的机会。在家庭生活中，可以让女儿参与家务分工，学会与家人一起完成任务。在学校和社会环境中，鼓励女儿参与团队项目或集体活动，培养她与同学和伙伴之间的合作精神。

一天，女儿的班主任给我打来电话，说：手工课上，同学们做一个互相配合的游戏。每组两人，由同桌的两人共同完成。面对这样的分配，女儿不是很高兴。她不想和同桌一起做。于是，女儿就把材料都搬到了自己的桌子上。结果同桌什么都没得到。

“你为什么不把材料分给她？”老师问女儿。

“这是我的东西。”女儿理直气壮地说。

老师不赞同地说：“这不是你一个人的东西。这个游戏必须两个人合作才能完成，你们俩一起合作完成，好吗？”

“老师，我不想和她一起搭，我要自己来完成。”

最后，女儿决意自己来完成，但是由于一个人的力量有限。最终，她也没有完成游戏。

女儿沮丧地低下了头，同时意识到了团队合作的重要性。放学后，她主动找同桌道歉，并提出重新一起完成那个未完成的作品。两人并肩努力，不仅弥补了遗憾，还收获了友谊。这次经历让女儿学会了分享与合作，也让她明白了在集体中，个人的力量虽小，但团结一心就能创造无限可能。

教育札记

1. 鼓励孩子多交朋友

专家认为，让孩子多交一个朋友，就等于帮助他们多打开一扇窗，使其视野开阔、心胸宽广。而不善交际的孩子大多性格抑郁，因为时时可能遭受孤独的煎熬，享受不到友情的温暖。因此，父母要鼓励孩子多交朋友，特别是同龄的朋友。比如，欢迎孩子的小伙伴到家里来做客，并热情接待这些小客人。又如，对孩子的朋友感兴趣，引导孩子谈论与朋友交往中的事情；谈论朋友的长处，告诉孩子千万不能天天盯着别人的短处，否则，自己就不能和朋友友好相处，自己与人交往的能力和人品也就不如人家了。

2. 教给孩子一些交往的技能

孩子们年龄相仿，认知水平相近，交往起来特别投入，有种天然的亲和力。他们喜欢在一起游戏，但在游戏中常常出现各自游戏、互不干扰的局面，或互相攻击、争抢的现象，这都是孩子年龄小，缺乏交往经验造成的。因此，教给孩子们一些友好交往的技能是非常必要的。例如，有意识地教孩子一些正确的常用语，如怎样向别人提出请求，怎样请求别人帮助，怎样向别人表示感谢、表示歉意，等等。孩子不但学会了礼貌用语，还培养了良好的交往行为。

3. 培养孩子的集体意识

我们每个人都是在集体中成长的，集体需要各种各样个性鲜明的孩子，这样，集体这个大花园才会百花齐放、绚烂多彩。集体中的每一个成员都应该具备集体意识，在集体中个人的力量很薄弱，个人的智慧像大海中的一滴水那样微小，许多工作都需要靠集体的力量才能完成。

如果孩子的自我意识较强，常常以“自我”为中心，以“个人主义”为半径，画来画去都离不开“自己”的小圈子，心中没有他人、没有集体，缺乏顾全大局的意识。一个缺乏集体意识的孩子，无法热爱身边的人（包括自己的父母、老师、朋友），无法融入任何团体，始终会有一种孤独感、失落感，最终容易被社会、被他人所抛弃。

4．教孩子学会分享

假若孩子凡事都自私自利、斤斤计较，那么他就难以与他人友好相处，更谈不上进行有关的合作活动了。因此，家长有必要让孩子在某些方面学会慷慨大方，并体会到分享的快乐。这里面有些值得家长注意的原则和技巧，比如，要让自己的孩子和别的孩子分享他所喜爱的玩具，切忌强迫，也无须向他讲一些空洞的大道理。不妨这样跟他说：“你玩儿一会儿，让他玩儿一会儿，你们俩都高兴高兴，不是很好吗？”适当地引导孩子，多给他鼓励，他就会感到分享对他不是一种剥夺，而是一种增添更多乐趣的机会。当孩子较小时，父母不妨对孩子进行这方面的“分享训练”。当孩子手中拿着画册时，父母可拿着一个玩具，然后温柔地、慢慢地递给他玩具，并从其手中取走画册。通过反复训练，孩子便学会了互惠与信任。

成长密钥

合作能力是孩子成长和未来发展的关键。在培养合作能力的过程中，父母应该强调相互尊重、沟通和协调的重要性，也要教育女儿学会倾听他人的意见，理解他人的角色和需求，并愿意为了实现团队的目标而付出努力。同时，父母也应该给予女儿足够的支持和鼓励，让她在合作中感受到成就感和自信心。

解锁分享密码，让孩子快乐升级

分享不仅仅是一种行为，更是一种传递快乐和建立深厚人际关系的纽带。作为父母，我们可以创造一些特殊的时刻，与女儿一起分享喜悦和欢乐。在分享喜悦和欢乐的过程中，父母应该鼓励女儿积极表达自己的感受和想法，同时也要尊重他人的分享。

5岁的女儿一向胃口好，今天的晚餐也不例外。吃到尾声，她仍想吮鱼头，吃了一会儿鱼，又想吃鸡肉，又吃了一块鸡肉后，我说："爸爸还没吃，这些留给爸爸吃吧。"

"这里还有嘛。"女儿嗲声嗲气地说道。

"爸爸打球累，要多吃些。"

"我也累。"小家伙也有她的理由。

"你干吗累呀？"

"我跑步呀！我跑了一圈、两圈，好多圈呢！"

经过一番理论，女儿不情愿地说："那好吧，我吃鸡皮，不吃肉。"

女儿像许多孩子一样，自我意识强烈，有时会霸着东西不给别人吃。但我们不能因为"她还小，不懂道理就算了"的理由放弃教育，而是要坚持跟她讲道理，让互相分享的观念在潜移默化中形成。虽然她有时还会说"我的，我的，不给你"，但多数情况下她会说："妈妈，给你吃。""妈妈，你还要吗？""爸爸，我们一人一半，分享一下吧！"

看到她的变化，我们心中满是欣慰。每一次的分享，都是她成长的印记。我们继续以爱和鼓励为引导，相信在不久的将来，她会更加懂得合作与分享的快乐，成为一个温暖、慷慨的小天使。

教育札记

1. 站在孩子的角度看问题

当发现自己的孩子不愿和他人分享的时候，父母首先要放弃不必要的焦虑。我们要明白，孩子都有逆反心理。独立意识的觉醒其实是孩子成长的标志。作为家长，首先应当高兴地接纳这一事实。对“占有”的意识增强的同时，他的语言能力又没有发展到可以很清楚地表达内心感受的程度，所以这个时候强迫他去和别人“分享”，他多半会大哭并抵抗。

当孩子发生抵抗时，父母不要把目光盯在诸如“他怎么变成这样？”“这么自私，长大之后怎么和人相处？”之类的问题，那样除了带给自己焦虑于事无补。家长不妨站在孩子的角度来看这个问题，你会发现情况也许没有想得那么糟糕。重要的是让孩子觉得你在试图理解他，这样才会给以后的疏导创造良好的氛围。

2. 不要拿自己的孩子和其他孩子比较

很多父母喜欢在公共场合夸奖别人的孩子，贬低自己的孩子。有的家长呵斥自己的孩子“看人家多大方，你怎么这么小气呢？快把吃的分给小朋友一点儿！”甚至强行做主去分配，而孩子呢，要么一脸茫然，要么大哭大闹，弄得家长也非常尴尬。

其实每个孩子都是不同的，因为不同，才能凸显个性的魅力，不是吗？别人的孩子懂得谦让，很好啊，但用不着拿别人的优点来比照和要求自己的孩子。如果真的要比，就先比比那些谦让的孩子背后的家长所付出的心血和努力吧。切记做父母的一定要顾及孩子的自尊心。

3. 帮助孩子克服“自我中心”

“自我中心”是儿童心理发展的一个特点，只有了解孩子身心的发展特点，才能解决孩子在交往过程中出现的问题。孩子思考的方式都是从自己出发的，自己想要的东西，就会认为别人也想要；自己想做的事情，就会认为别人也想做；别人表现出不愿意，孩子就会想不通，可能会采取强迫别人的方法来满足自己的需求。帮助孩子多区分一下，哪些是自己的想法，哪些是别人的想法，自己的想法会与别人的想法不一样，自己想做的事，别人可能不想做，等等。帮助孩子分清自己和别人，不是每个人的想法都一样，不能强迫别人和自己玩儿。孩子只有了解自己和别人的区别，克服“自我中心”，才能在与小朋友的交往中少一些矛盾，多一分和谐，获得与人分享的快乐。

成长密钥

与女儿一起感受与人分享的快乐，不仅能够增进亲子关系，还能够培养女儿的人际交往能力和积极情感。这样的经历将让女儿更加懂得珍惜和感恩，成为一个更加快乐和善良的人。

同时，这样的互动也教会了她换位思考，理解他人的感受，为她未来建立深厚的人际关系奠定坚实的基础，让爱与分享的光芒照亮她的成长之路。

从害羞到闪耀：打造孩子的自信交友圈！

鼓励女儿与别人交往是父母的重要责任，因为这有助于她建立人际关系、增强社交能力，并为未来的生活做好准备。在与他人交往的过程中，父母应该教育女儿尊重他人、友好待人，并学会倾听和表达自己的观点。我们还要引导她理解人与人之间的差异，培养她的包容心和同理心。

女儿性格比较内向，不喜欢与人交往。

记得女儿第一天来幼儿园，她边哭边缠着我陪她去上课，好在老师把她留住了。但她每一节下课都要小便，其实她是想看看我是否还在学校。平时放学来到办公室她不肯叫人，在路上偶尔听见她说哪位阿姨给我什么了，我问她你叫人了没有，她只是低头一笑。从她的表情中，我知道她没叫。

眼看着女儿一天天地长大，快要跟我差不多高了，但还是特别怕叫人，不到正面碰头的时候是不开她的“金口”的。每天走进校门，如果她看见老师正和其他同学打招呼或不注意时，女儿就会走离老师远一点儿的地方，省了这一声“老师好”，实在避免不了的时候，她的一声“老师好”也是很轻很轻。每天早上上学，听到别的同学热情、响亮地跟值班老师打招呼，听得我有点儿“耳馋”。于是每天早晨进校门提醒女儿叫“老师好”成了我的必修课，每当听见其他小朋友主动叫老师时，我就对她进行教育。遇见老师时，我就轻轻地提醒她。平时我经常领女儿出来玩儿，鼓励她自己去结识小伙伴。刚开始时，女儿只是在一旁看着别的小朋友玩儿，虽然很高兴，自己却从不参与。慢慢地，她拖着自己的姐姐一起与小朋友玩儿，后来看到认识的同学也能主动打招呼了。

教育札记

1. 教给孩子人际交往的基础知识

首先，家长要让孩子了解人际交往的基本原则，如相互尊重、相互关心、以诚待人、礼尚往来等。其次，家长要教给孩子人际交往的礼貌用语和行为规范，如见面说“你好”，分别说“再见”；干扰了他人说声“对不起”，别人道歉时说声“没关系”；客人来家时让座、递茶，客人离家时起身相送；等等。此外，家长要告诉孩子如何选择好伙伴、好朋友。要多与那些遵守纪律、热爱学习、文明礼貌、开朗大方的同学交往，虚心学习他们的长处，取长补短。

2. 帮孩子在家中练习社交技巧

在家比较自由，孩子会充满信心，例如，大人当乘客，孩子当售票员，进行乘公交车游戏。如果她迟疑不决，还可以交换角色，或换一种角色游戏。平日要鼓励孩子回答问题，如“你的玩具娃娃叫什么名字？”“我们到外婆家去，你要穿花衣服还是红衣服？”多多练习之后，就会得到不一样的效果。

3. 给孩子学习社交的机会

家长要多给孩子学习社交的机会。如每次带孩子去公园可与其他家长打招呼，去商店买东西与售货员交谈，拜访亲友对其进行问候，在家中招待客人等，都是让孩子学习如何与人交往的机会。这样不但为孩子树立了榜样，还教会了她交往的技能。

4. 多去发现别人的优点

每个人都既有缺点又有优点，这是一件非常正常的事。要告诉孩子多学别人的优点，原谅别人的缺点。在学习和生活中，我们越能发现别人的优点，就越能向别人学习，越能提高自己。所以说，养成发现别人优点的习惯，可以让自己受益终身，不断进步，最大限度发挥出自己的潜能。如果在和别人的对比中，我们发现了自身的不足，就可以激发自己的上进心，以别人为目标，努力追赶。

成长密钥

鼓励女儿与别人交往是一个持续的过程，需要父母的耐心和关心。父母也要成为女儿交往的榜样，展示出积极、健康的社交行为。通过我们的示范和引导，女儿将逐渐学会如何与人建立良好的关系，享受交往的乐趣。通过我们的支持和鼓励，女儿将变得更加自信、开朗，并在与人交往中不断成长和进步。

最好的满足就是给别人以满足。

乐于助人，成长路上的无敌“光环”！

乐于助人是一种宝贵的品质，也是个人成长和社会和谐的重要基石。培养女儿这一习惯，父母应该以身作则，展示出关心他人、乐于助人的行为。在教导女儿的过程中，父母应该强调帮助他人的意义和价值，让她明白通过帮助他人，自己也能取得进步。

这个学期，女儿的班上转来了一名新同学。这名新同学幼年丧父，和妈妈、弟弟相依为命。妈妈没有正式工作，全家都靠妈妈打零工和“低保”维持生活。他能来上学完全是因为学校免除了他的学杂费。

这个新同学家境虽然不好，但是学习却很认真，班里的同学都很敬佩他。眼看天气渐渐冷了，新生还穿着单衣，女儿和几个同学商量，打算一起凑钱给他买几件保暖的衣服。今天他们把衣服交给新同学，没想到他不仅没有感谢女儿，反而认为女儿的行为是一种施舍，伤害了他的自尊心。原本是好心却办了坏事，女儿觉得很委屈。

了解清楚事情的原委后，我告诉女儿，有一些人天生就比较敏感，要帮助这种性格的人一定要采取合理的方式，让他不会有自尊心受到伤害的感觉，才是真正的帮助。

在我的指导下，女儿改变策略，组织了一个小组，平时去这位新同学家里帮忙做家务。为了不让新同学难堪，他们推选他做了小组副组长，帮助组员补习提高成绩。渐渐地，大家用实际行动打消了新同学的顾虑，他开始接受大家的帮助，还和大家一起帮助更需要帮助的人。

教育札记

1. 给孩子帮助他人的机会

家长要培养孩子对周围的人、事与情感的敏锐性，并让他们去尝试自己所学到的。例如，哥哥或弟弟不舒服，或小狗生病了，让他去照顾，从经验的累积中渐渐了解什么是“帮助”，从而体验到帮助别人的快乐。

带孩子出入公共场所时，应从细节着眼，培养孩子帮助他人的品质。在公共汽车上要主动让座位给老弱病残幼者；在商场推开弹簧门时应注意身后有没有人，有人时应当等后面的人撑到门时才走开；乘电梯时要站在右边，不要妨碍有急事的人从左边超过等。

2. 与孩子一起参与慈善小事

（1）爱心赠送。经常整理孩子用过的玩具、识字卡片、书籍等物品，以及孩子已不需要的衣物，到社区了解一下有没有贫困的家庭，父母还可以带孩子上门赠送。

（2）定期助养。以家庭的名义资助一名或几名贫困孩子，定期给他们寄钱、写信。当收到助养孩子的来信时，应和孩子一起分享信件内容。

（3）慰问孤儿。定期带孩子去孤儿院，为孤儿读童话故事，让孩子坐在身边一起听并帮助父母翻书。

成长密钥

教女儿学会乐于助人是每位父母的重要任务之一。父母在日常生活中教育女儿关注他人的需求和困难，鼓励她主动伸出援手帮助那些有需要的人，让她亲身体验到帮助他人的喜悦和成就感。父母的引导和支持，将逐渐培养起女儿乐于助人的品质，让她成为一个有爱心、善良并有责任心的人。

第八章

品质——解锁领袖潜力的素质密码

在人的一生中，做好任何一件事情都需要有优秀的品质做基础。品质是塑造个人魅力和提升综合素质的关键。没有好的品质，一切都将归零。为了培养女儿的良好品质，父母要注重她的道德教育和价值观引导。诚实守信、尊重他人、关心社会等都是女儿应该具备的核心品质。通过日常生活中的点滴教导，让她明白做人的基本准则和道德规范。

家庭圆桌

请认真思考是否做过以下事情，做过的画“√”，没做过的画“×”。

① 告诉女儿要做一个有诚信的人。(　　)

② 教导女儿不管做人还是做事都要有责任心。(　　)

③ 改变女儿以自我为中心的状态。(　　)

④ 鼓励女儿遇到问题勇敢面对。(　　)

⑤ 引导女儿礼貌地对待每一个人。(　　)

父母可以从女儿日常生活中的一点一滴抓起，抓住最根本、最重要的东西，不断培养其优秀的品质。通过良好的引导和教育，相信女儿会逐步形成良好的品质，为她的未来奠定坚实的基础，使其成为一个有品质、有担当的人。

打造女孩自立自强的王者之路

自立自强是女孩成长和独立的关键。在现代社会中，女性不仅要拥有与男性平等的权利和机会，更要学会独立思考、自主决策，并勇于面对挑战和困难。为了实现这一目标，父母应该从小培养女孩的独立意识和自主能力。

女儿是一个聪明、独立、充满好奇心的孩子。她已经上初二了，喜欢尝试新事物。尽管我们总是提醒她要小心，然而，女儿坚信自己应该自强自立，要像男孩一样勇敢和坚强。

一天，女儿在学校感到头痛和喉咙痛，她知道自己可能是生病了。尽管她很想向父母求助，但还是决定自己去看病。

她先是到校医务室找校医，测量了自己的体温，做了简单的检查。校医建议她去医院好好做一下检查。于是，她跟老师请了假，然后拿着自己的钱包，里面装着平时攒下的零花钱，坐车去医院了。

女儿来到医院，自己挂号、排队。看病时，还向医生描述了自己的症状。医生仔细地听她讲述，然后做了必要的检查。医生告诉女儿，她得了流感，虽然症状比较轻，但也需要休息和吃药。

女儿按照医生的指示，买了药并回到了家。她告诉我们自己看病的过程，我们虽然心疼，但也为她的独立和勇敢感到骄傲。女儿按照医嘱吃了药，又休息了两天，很快就恢复了健康。

通过这次经历，女儿更加坚信自己应该自强自立。她知道，无论遇到什么困难，只要有决心和勇气，就能面对和解决问题。

此后，女儿还开始主动帮助家人分担家务，学习更多的生活技能。她意识到，健康与独立是成长的宝贵财富，决定以后更加珍爱身体，积极面对生活中的每一个挑战，用实际行动践行自强的信念，成为家人的小帮手和坚强后盾。

教育札记

1. 教会孩子谦让但不怯弱

父母应当从小告诉孩子，这个世界既有“真善美”，也有“假丑恶”，要教会孩子分辨善恶。面对物质与利益时，要学会谦让，做一个宽容而博大的人；面对无理的挑衅和无端的攻击时，要做出正当防卫，学会自我保护。这样才能成为一个自立自强、不卑不亢的人。

父母的爱，是引导孩子心灵的灯塔。他们不仅传授知识，更以身作则，展现正直与勇敢。在这样的教育下，孩子学会了在复杂世界中保持纯真善良，也明白了适时坚韧与自我守护的重要性。他们将以更加成熟的心态，步入社会，用爱与智慧照亮自己的路，也温暖着周围的人。

2. 给孩子布置有用的任务

许多家长在教育孩子时总是罗列一大堆的大道理、小故事，讲得多，做得少。怎样布置有用的任务呢？这就要看孩子平时喜欢做些什么了。例如，很多孩子喜欢去逛超市，家长带孩子去超市时孩子要什么就买什么，其实这是错误的，这只会让孩子养成一种浪费的习惯。我家小孩从小就喜欢逛超市，每次给她一定的零花钱，让她选自己喜欢的但金额不能超过手中的钱，这样不仅培养了孩子自主、独立，还让她明白了这世界上的东西都不可能轻易得到，做人更不能贪心。

3. 让孩子认识自己的力量

许多父母过分地照顾甚至溺爱自己的孩子，其实，这是对孩子自尊心的一种伤害。这些父母只是把孩子视作自身的附属物，而没有把孩子看作人格上完全独立的人。

父母不要让孩子觉得自己是弱小的，而应该从小就让孩子认识自己的力量。父母应该为孩子创造恰当的机会，通过积极地鼓励和赏识，让孩子感受到自己是独立的，自己是有力量的，进而培养孩子的自强意识。

成长密钥

作为父母，我们的责任是引导女儿建立正确的价值观，培养她的能力和信心，让她学会自强自立，拥有独立处理问题的能力。只有这样，我们的女儿才能在未来的人生道路上走得更远、更稳。

教养孩子，只要教他永远做孩子。

打造有担当的明日之星

告诉女儿做人要有责任心，是每位父母的重要责任。要培养女儿的责任心，我们需要从日常生活的点滴做起。让她明白，每一次承诺、每一次选择都需要她用心负责。无论是学习上的任务，还是生活中的琐事，我们都要鼓励她独立完成，成为一个有担当的明日之星。

从女儿懂事起，我们就注意培养她的责任感。

上幼儿园时，我们就尝试让女儿做一些简单的家务劳动，帮助邻居干一些力所能及的事情，完成幼儿园老师布置的任务，等等。

女儿上小学后，我们要求她做家庭作业时不能忽视任何一个细节，要按时、保质保量地完成；要积极参加集体活动，为他人或集体做一些有益的事情，作为班干部积极协助班主任做好班级工作，等等。通过自己的劳动获得大家的肯定，在她产生满足和愉快的内心体验的过程中，逐渐培养起强烈的责任感。

随着年龄的增长，女儿的责任心也逐渐增强，无论是学习还是做其他事情，她都抱着一种高度负责的态度，对自己负责，对家庭负责，成为了一个有责任心的好孩子。

教育札记

1. 让孩子学会对自己的事情负责

丽丽的妈妈要求家人洗澡后把换下的衣服放进洗衣机，可 8 岁的丽丽经常忘记，妈妈让她用本子记下洗澡后该做的事项，提醒自己。从此以后，丽丽再也没有忘记把脏衣服放进洗衣机，她为自己的进步感到自豪。可见，要孩子记住做某事时，与其大人经常提醒，还不如让孩子自己记下来，这样孩子才能慢慢地学会对自己的行为负责。孩子只有学会了对自己的事情负责，才能逐步地发展为对家庭、对他人、对集体、对社会负责。

2. 积极培养孩子的责任感

要让孩子了解父母等亲人对他的期望与信任，把学习当成自己必须完成的任务。当孩子在学习过程中遇到困难，思想动摇时，家长要鼓励孩子克服困难坚持下去。当孩子完成学习任务、成绩有了进步时，家长要及时肯定，让孩子体验到完成任务时的满足与喜悦。

另外，家长可以有意识地安排孩子帮助孤寡老人、残障人士，带孩子参加居民区的卫生、绿化劳动，鼓励孩子在学校做好值日工作，等等。在社会活动的实践锻炼中，使孩子逐渐感受到自我存在的社会价值，不断增强他们的社会责任感。

3. 让孩子对自己的过错行为负责

受年龄以及生理、心理等因素的影响，孩子对许多事或出于好奇，或出于顽皮的天性，或出于对社会缺乏经验，往往会因自己的不恰当行为造成一定的不良后果，这完全是可以理解和原谅的。但是，过度的宽容对孩子有害无益，只会让孩子淡漠自己的责任意识。当孩子因自己的行为造成过错时，家长的正确做法是和孩子一起分析造成不良后果的原因，在此事件中孩子本身的过错和应承担的责任，以及以后如何避免类似情况的发生等，从而使过错行为成为强化孩子责任心的契机。

成长密钥

责任心，是对自己、对他人、对社会所承担的义务和责任的认知与担当。它不仅是一种态度，更是一种行为。责任心是一个人优秀品质的体现，也是其未来生活和事业成功的基石。因此，父母要让女儿意识到，责任心不仅仅是对自己的要求，更是对家人和社会的贡献。

打造女孩的优雅社交名片

让女孩学会礼貌待人，是培养她成为一个优雅、有教养的人的关键。礼貌不仅是我们日常交流的基本准则，更是展现个人素质和修养的重要体现。

我带着女儿去买东西，女儿对售货员说："阿姨，请帮我拿一瓶可乐。"买了可乐之后，我就趁机启发她："你看这么多人买东西，为什么阿姨先给你拿呢？并不是因为你小，而是因为你说了'请'字，阿姨听了高兴。"

在公交车上，我让女儿给老奶奶让座。过后，我又对她说："你看周围的叔叔阿姨都在看着你，那是夸你呢。还有，你后面有个小弟弟也学你的样子给老爷爷让座。"

女儿听后，脸上洋溢着自豪和喜悦，她明白了礼貌和善良不仅能让别人感到温暖，还能传递正能量，影响周围的人一起向善。

教育札记

1. 父母多多反省自己的言行

孩子是否讲礼貌，大多来自父母平时的言传身教。因为，孩子最早是从父母那里学习文明礼貌的。父母品德的好坏、言行举止是否得体，直接影响着孩子良好行为、品德的形成。一对好父母是一所好学校，是孩子的精神财富。要培养一个讲文明、懂礼貌、品格健全的好孩子，还需要父母多反省自己的言行。

如果父母要求孩子做到文明有礼貌，首先自己要做到这一点。如果父母表现得自私、刻薄、行为粗鲁、爱挑衅，孩子就会有样学样。父母是孩子的榜样，如果父母不讲礼貌，又怎能期望孩子有礼貌呢？

2．从小培养孩子有礼貌的言行

礼貌对一个孩子的成长是非常重要的。有礼貌的孩子才会有正直、谦虚的品格，才会得到他人的尊重和喜爱。礼貌需要长期培养，所以应从小培养孩子讲文明、懂礼貌、守纪律、助人为乐等良好的生活习惯和道德意识。

在这个过程中，父母可以根据自己的经验和良好的行为影响、教导孩子。例如，当孩子向其他的孩子借玩具时，父母应教孩子说："请借给我一些玩具，好吗？""谢谢您"等有礼貌的话。通过不断地教育，反复地练习和巩固，就能使有礼貌的言行成为孩子的自觉行为。

3．及时肯定孩子讲礼貌的行为

对于孩子的礼貌行为及时给予赞许和夸奖，使孩子养成懂礼貌的好习惯。如果他为大人做了事，如拿双拖鞋、倒杯水，家长应该及时对他表示感谢并夸奖他："谢谢，你真懂事！"或许孩子在做这些事情的时候，并没多大感觉，但是父母的赞赏会引导他从无意识到有意识地注意礼貌。

只要父母认真负起责任，通过各种途径培养孩子的礼貌行为，就能使我们的下一代成为懂礼貌、讲文明的新人。

成长密钥

让女儿学会礼貌待人，需要我们在日常生活中不断引导和教育。比如，教导她如何正确使用礼貌用语，如"请""谢谢""对不起"等，让她在交流中能够展现出友善和尊重。此外，引导她注意细节，如主动与人打招呼、微笑示人、耐心倾听等，能够让她在与人交往中更加得体、自然。

打造女孩的乐观超能力

培养女儿乐观开朗的性格，对于她的成长和未来的生活都至关重要。因为一个乐观开朗的人能够积极面对生活中的各种挑战，享受快乐，传播正能量。因此，在日常生活中，父母要引导女儿关注积极的事物，学会从困难中看到希望，从挫折中汲取力量。要教会她如何调整心态，保持积极向上的精神状态。

女儿今年两岁半，聪明、可爱，一双又大又圆的眼睛闪闪发光，一头乌黑的头发美丽漂亮。星期六的晚上，我告诉女儿第二天带她去儿童娱乐中心玩儿。这可把她高兴坏了，那可是她的一个乐园啊！

第二天一早，我们就带着女儿去儿童娱乐中心，刚到那里正巧遇到了同事何丹尔。我见孩子没有主动和同事打招呼的意思，便对她说："奥丽，丹尔叔叔向我们走来了，咱们过去和他打个招呼，好吗？我想他一定会很高兴认识你的！"

"好的，爸爸！"女儿非常高兴地从我的怀里下来，主动走上前去，大胆地说："您好，丹尔叔叔！"

丹尔连忙夸奖女儿："噢，奥丽真是个好孩子，早就听说过你的名字了。"

正在说话的时候，我的手机响了。单位有点儿急事需要我马上去处理一下，这怎么办呢？总不能扔下小奥丽不管吧！

"哦，是公司有事吗？"何丹尔问道。

"是的，可是，小奥丽怎么办呢？"

"没关系，我可以带她两个小时，你两个小时回得来吗？"何丹尔说。

“没问题，可是，这要征求一下小奥丽的意见。”我转向奥丽，“亲爱的，爸爸要回公司一趟，马上就回来，你可以和丹尔叔叔一起玩儿一会儿吗？”

“是和这位可爱的叔叔吗？哦，没关系，我会很乖的。”

“真是一个可爱的孩子！”丹尔冲着我说，“你放心吧，我们会玩得很愉快的。”

两个小时后，我回去的时候，奥丽已经黏上了丹尔叔叔。要跟叔叔告别还真有点儿舍不得呢。不过奥丽已经跟丹尔叔叔约好了，下个星期天还来玩儿。

教育札记

1．创造和睦友爱的家庭气氛

父母常向孩子表达自己的爱和关心，可以缓解孩子对人的冷漠。父母多与孩子一起游戏娱乐，每天多留一点儿时间给孩子，可以增进与孩子的感情。在和父母一起游戏娱乐中，孩子能学到与人交往的知识和技巧，特别是能体验到对他人的关心和爱护。这样，他们在与同伴交往时会更轻松，同时能增强孩子与他人交往的信心，培养孩子乐观的情绪。

2．多和孩子交谈

父母应多留心孩子的情绪变化，当孩子闷闷不乐时，无论多忙，也要挤出一点儿时间和孩子交谈，鼓励孩子表达心境。父母切勿勉强孩子，而要让孩子感觉到：自己不高兴，父母也很难过。父母愿意帮助自己，从而自觉自愿地说出不开心的原因。父母应耐心地倾听孩子讲述，然后“对症下药”。实际上，很多悲伤一经讲出，很快也就消失了。

3．不对孩子宣泄不良情绪

有的父母在外面受了“窝囊气”，回来便对孩子发“无名火”。这种情况特别容易打击孩子的自信和乐观的心态，因为孩子会把父母的恼火归咎于自己，但他又不知道自己错在哪儿，于是全盘否定自己。长久下去容易让孩子自责、退缩，并蔓延为隐约却牢固的消极心理氛围，淹没孩子乐观的笑容。因此，父母在遭遇困难时能否乐观面对，对培养孩子的乐观品质至关重要。

4．培养孩子积极的人生态度

父母除了多与孩子交流，培养孩子的自信心，还有一个很重要的方面，就是相信自己的女儿，给予她鼓励和支持，帮助她进取，克服一些依靠自己暂时克服不了的困难。只有这样，才能教会她以正确的态度保持乐观。

告诉孩子对人对事的态度在于尽力而为，没有必要苛求与自责，承认自己既有优点又有不足，但总体上接纳自我。

让孩子学会容忍别人的缺点，“人非圣贤，孰能无过”，对别人无心的过失，不宜过分求全责备，能够包容他人的错误和缺点，给别人改正错误的机会。

培养孩子开阔的胸襟，对人无偏见，对事不固执，为人有原则，但同时不失灵活性。

培养孩子开放的人生态度，接纳未定的世界，告诉她，我们生活的这个世界充满了机遇、挑战和挫折，绝对的肯定性是不存在的，我们应该敢于面对变化。

培养孩子科学的思维，遇事合于科学的思考，能按逻辑推理，而不为主观情绪所蒙蔽。

让孩子遇事有个人的主见：遇到是非不肯定或善恶不分明的情境时，相信自己，尊重自己的判断，不必为取悦于别人而屈从其未必高明的意见。

让孩子学会面对现实，不做虚无论者，有现实、实际的人生态度。人生在世，必须明白，任何人都不可能得到他所希望的一切，任何人也不可能避开他所厌恶的一切。个人所能掌握的，只有以真实的自我去面对人生。

让孩子对自己的情绪困扰负责。人应该对自己的情绪困扰担负主要责任，而不是抱怨他人和社会环境。

让孩子多看看名人传记，看看成功学系列书籍；保持一颗年轻的心，多结交上进心强、讲义气、守信用的朋友；孩子情绪不好的时候推荐她去打打小型球类，或者陪她出去郊游散心；给孩子讲述一些身边的孤儿、先天残障人士的故事，让她知道原来她是多么幸运，从而珍惜现在的生活。

成长密钥

为了培养女儿乐观开朗的性格，父母首先要为她创造一个充满爱与关怀的环境，还要鼓励她积极参与各种活动，与不同的人交往，拓宽她的视野和经历。这样，她才能学会适应各种环境，进而拥有适应能力强、乐观开朗的性格。

笑，就是阳光，它能消除人们脸上的冬色。

恐惧退散，为女孩披上勇气的战袍

培养女孩的勇敢品质，是助力她迎接人生挑战、追求梦想的关键。为了让她变得更加勇敢，父母需要从多方面着手。比如，要给予女儿足够的关爱和支持，让她在面对困难时感到有依靠。要鼓励女儿积极参与各种活动，特别是那些需要一定勇气和决心才能完成的任务，这些经历能够逐渐培养出她的勇气和自信。

一次，女儿看到建筑工人在屋顶上施工。回到家，她对我说："爸爸，我想到屋顶上去。"

"到屋顶上干什么呢？"我问她。

"那里高，我想到高处去！"

"噢，你的想法不错，而且很勇敢，那你想怎么上去呢？"

"我爬梯子上去啊，爸爸给我安好梯子，我就可以上去了！"女儿很自信地回答。

"嗯，爸爸可以给你安梯子，不过你要答应我一个条件。"爸爸说。

"好吧，你说什么条件？"

"爬梯子和到屋顶上都很危险，小孩子不能自己来，所以爸爸必须和你一起上去，保护你不受伤害，你说怎么样？"女儿想了一会儿，答应了我。

于是，女儿在我的保护和帮助下爬上了屋顶，并站在上面兴奋地大声叫喊，脸上洋溢着成功的喜悦。

阳光洒在她笑靥如花的脸上，那一刻，我仿佛看到了她对世界无限的好奇与探索欲。她指着远处的风景，兴奋地与我分享她的发现，那一刻的亲子时光，温暖而珍贵。我紧紧握住她的手，告诉她："勇敢追梦的同时，记得身边总有爱你的人，守护着你。"

教育札记

1. 鼓励孩子参加各种社会活动

尽量为孩子创造各种条件，让孩子充分体验和同伴一起游戏的乐趣。一方面，家长要引导孩子与同伴交往，但在带孩子外出或去公共场所活动时设法减轻孩子的心理压力，引导孩子参加集体游戏。另一方面，家长最好不要在公共场所或陌生人面前指责孩子表现出的不当行为，也不要当着孩子的面向他人解释孩子的退缩行为，如“不好意思，我家孩子胆小，不愿见生人”，诸如此类的言语即使是善意的，也会导致孩子的反感和抵触情绪，甚至会强化孩子的胆小退缩行为，从而影响孩子的自我认识，容易使孩子产生自卑感。

2. 用鼓励来消除孩子的紧张感

胆怯的孩子，在家或幼儿园容易受到外界的忽视或歧视，孩子会感到自卑，越是自卑越不敢抬头大声说话，以致恶性循环。我们可以耐心地告诉孩子：“没关系，有我们帮助你，会好起来的。”孩子会从家长的话中感受到关爱和信任，这对孩子消除自卑非常重要。而父母耐心地倾听孩子的感受，了解孩子对各种问题的看法，才能做到有的放矢，切忌说一些损伤孩子自尊心的话。

消除孩子的胆怯，需要父母更多地鼓励。只要孩子有进步，哪怕不如家长所期望的，也要给予热情和真诚的鼓励。孩子在我们的鼓励中，产生被认可、被接受的感觉，会增强讲话的信心，有助于消除紧张感。

3. 纠正不正确的教育方法

如果孩子不听话，家长既不能心急，也不能打骂、指责孩子，更不能用鬼怪来吓唬孩子，要耐心引导，正面教育。对胆小的孩子不能用强制的方法，比如学游泳时，家长千万不要把一个怕水的孩子强行推下水，这样做，绝大多数效果不好。如果发现孩子尽管怕水，但还是站在离水很近的地方，那么，家长应该耐心等待，给孩子时间，最后，他一定会下决心，自己走进水里去的。

4．培养孩子面对挑战的勇气

遇到困难和挑战时，不要认为孩子弱小而无法面对困难，而应该鼓励孩子用自己的力量去迎接挑战。告诉孩子："你的力量很强大，相信你一定行！"鼓励孩子多参与一些竞赛类活动。开始时可以在家里玩儿一些要分出胜负又对孩子很有吸引力的活动，如剪刀石头布、下跳棋或飞行棋等。父母要引导孩子凭兴趣参与活动，并在活动中给予孩子赏识和鼓励，激发孩子进一步参与的兴趣。然后要逐步鼓励孩子参与到社区、学校及社会上的其他竞赛活动中，从而培养孩子面对挑战的勇气、参与意识和良好的心态。

成长密钥

当女儿胆怯时，不要勉强她，我们要告诉女儿正确看待失败和挫折。让她明白，失败并不可怕，重要的是从失败中吸取教训，勇敢地再次尝试。培养女儿的勇敢品质需要我们的关爱、鼓励、支持和引导。相信只要我们用心付出，女儿一定能够变得更加勇敢、自信，更好地迎接人生的挑战。

让女孩在谦虚心态中成长

谦虚能够使人保持一种学习的态度，不断进步，同时也有助于建立良好的人际关系。因此，父母要培养女儿懂得谦虚的优秀品质，这对她的个人成长和人际关系至关重要。

女儿非常热爱学习，学习成绩在班里一直名列前茅，因此非常自负。

在家里，女儿认为自己已经是个大人了，对于我们说的话越来越不放在心上。据老师反映，女儿在学校里非常清高，不太愿意与成绩不好的同学一起玩儿，觉得跟他们在一起没什么意思。对于任课老师，女儿也不太尊敬，她认为老师的水平不过如此，自学都能够学到很多知识。唯一令女儿比较敬重的是她的班主任向老师。她是一位快退休的语文老师，对女儿非常好，经常赞扬她的作文写得好，并给女儿介绍一些学习方法，讲一些名人故事。

有一次，女儿在一篇交给班主任的周记中表现出自己看不起同学的思想，还提到了一次与数学老师发生的争执，原因是数学老师批评她做作业不够仔细。

班主任后来在女儿的本子上写下了这样的评语：有人批评你，并不是她看不起你，而是她希望你进步。因为，她不批评你，你不会怨恨她；她批评你，你则会怨恨她。而她却仍然选择了批评你，原因就是她希望你进步。向老师也是这么希望的。

女儿深受触动，从那以后她便慢慢改掉了自负的毛病。她开始以更加谦逊和包容的心态面对同学和老师，不仅学业上持续优异，更在人际交往中赢得了尊重与友谊，成长为一个全面发展、受人喜爱的优秀学生。

教育札记

1. 既要赞扬也要鞭策

经常听见一些家长说：我家孩子禁不起表扬，一表扬就骄傲，给点儿阳光就灿烂。其实，渴望欣赏，希望赞扬，是每个人的心理诉求，孩子也不例外。我相信，没有哪个孩子不希望得到大人的赞许，没有哪个孩子不渴望得到父母的认可。让孩子适当地生活在赞扬中，对于孩子自信心的培养是大有益处的。

但是，让孩子生活在赞扬声中，并不是通常所说的溺爱，也不是让孩子狂妄自大。当孩子对自己的某些特长或成绩引以为傲的时候，我们一定要提醒孩子，取得的任何成绩都仅是阶段性的，它们只是通向更高目标的起点。在知识的海洋中，学习永无止境。若因一时的领先而沾沾自喜，这恰恰反映出知识积累的不足和眼界的局限。

在孩子成长的过程中，如何正确把握对孩子的表扬与批评，是每一个家长都会遇到的问题。作为家长，对孩子的每一个哪怕是很微小的进步，也要给予适度的表扬，使孩子对自己充满自信，同时也要提醒孩子，不要骄傲自满，要不断进步、不断进取。只有一边鼓励他，一边鞭策他，才可以使他认识到自己的长处，发现自己的不足，从而不断地加以改正，不断地进行弥补。

2. 让孩子认识骄傲的危害

骄傲自大的人就像井底之蛙，视野狭窄，自以为是，严重阻碍了自己继续前进的步伐。

家长应该让孩子认识到骄傲也是健康成长的绊脚石，任何成绩都是阶段性、局部性的胜利，应视其为继续前进的新起点。在学习这片浩瀚海洋中，短暂的领先并非终点，而是新旅程的开端。一旦满足于此，反而显露出知识的局限与视野的狭隘。“满招损，谦受益”，家长应有意识地给孩子介绍一些成功者的经验，告诉他们古今中外凡是有所作为的人取得成绩后仍能保持谦虚奋进。

3. 帮助孩子全面认识自己

孩子产生骄傲的情绪往往源于自己某方面的特长和优势，父母应该先分析这种骄傲的基础：是学习成绩比较好、有某方面的艺术潜质，还是有运动天赋……然后让孩子认识到，他身上的这种优势只不过限定在一个很小的范围内，放在更大的范围就会失去这种优势。正确的态度应该是积极进取，而不是骄傲懈怠。另外，优势往往是和不足并存的，应该同时努力弥补自己的不足。

父母要让孩子知道，取得了一定的成绩，确实是自己努力的结果，但是不要忘记这里也包含着家长的培养、老师的教诲和同学的帮助。

成长密钥

谦虚是一种优秀品质，培养女儿懂得谦虚需要父母的引导和教育。通过以身作则、引导女儿正确看待自己、鼓励女儿保持低调以及教育女儿在交往中保持谦逊有礼的态度，我们可以帮助她逐渐培养出谦虚的品质，成为一个更加优秀、受人尊重的人。

表现勇敢则勇气来，
往后退缩则恐惧来。

第九章

宠爱——从良师到益友，解锁女孩成长“双保险”

在养育女儿的过程中，父母应始终秉持着“宠爱”的原则。作为女儿的良师，致力于为她提供丰富的知识和正确的价值观，引导她走向成长的道路。然而，仅仅作为良师是不够的，父母更应成为女儿的益友，与她分享生活的喜怒哀乐，陪伴她度过每一个难忘的时刻。

家庭圆桌

请认真思考是否做过以下事情，做过的画“√”，没做过的画“×”。

① 与女儿的关系像是好朋友。(　　)

② 经常鼓励女儿要敢于表现自己。(　　)

③ 帮助女儿建立自信心。(　　)

④ 不对女儿唠叨或发牢骚。(　　)

⑤ 对待女儿的任性也有好方法。(　　)

宠爱并不仅仅意味着给予女儿物质上的满足，更重要的是在女儿成长的过程中，父母做好她的良师和益友。用正确地引导和真挚的陪伴，使女儿在成长的道路上更加坚定和自信。

如何成为女儿心中的“酷妈”好友

作为父母，成为女儿的好朋友是一种特殊而珍贵的角色。这不仅有助于建立亲密无间的亲子关系，还能为女儿的成长提供强大的情感支持。

晚上，我给女儿辅导作业，一道数学题我讲了半天，她却心不在焉。我火冒三丈，桌子一拍，让她回房间去闭门思过。女儿知道自己理亏，默默地走进房间，可我依旧火气难消，真想跟以前一样冲过去狠狠地训她一顿。

过了一会儿，我终于克制住自己的冲动，走进房间，看见女儿正耷拉着脑袋抽泣着，看得我很心疼。我走过去，注视着她的眼睛，柔声说道：“对不起，宝贝！你是不是很难过？妈妈态度不好，妈妈向你检讨，以后妈妈一定改。原谅妈妈，好吗？”

女儿抬起泪眼，不相信地盯着我。我向她笑了笑，她却“哇”的一声大哭起来。我抱住她，为她擦干了眼泪。她说：“妈妈，是我不好，下次我一定认真听！”我的眼泪也下来了，可心里却甜甜的！

从此以后，每当我和女儿有分歧，我都会放下架子，以朋友的口吻跟她商量。在朋友的关系中，女儿变得和我无话不谈。我们一起看书，交流心得体会；一起踢毽子、跳绳；一起读书，看到优秀的句子还会读给对方听；一起听音乐……生活充满了乐趣。

这样的日子，让我们母女的心紧紧相连，我学会了倾听，她也学会了理解。在相互的陪伴与成长中，我们共同绘制了一幅幅温馨而美好的画面，让家的每一个角落都洋溢着幸福与和谐。爱，在每一次的理解与包容中悄然绽放，成为我们生命中最宝贵的财富。

教育札记

1. 创造一个自由言论的空间

小孩就应该听大人的话，这是封建家长制的家庭教育理念。在现实生活中，有不少父母被这一观念影响着。这样的父母在处理孩子的问题时常常独断专行，不与孩子商量，即使偶尔与孩子商量也是不允许孩子提出不同看法的，否则就是冒犯家长的权威。这样做将会极大地遏制孩子的潜能发展，把孩子变成只会听话的“木头人”。对于有主见的孩子，父母的这一霸道行径将会挫伤孩子的自尊心；经常如此，还会使孩子产生逆反心理，使家长与孩子之间产生隔阂甚至对立。

如果父母与孩子能够像朋友一样平等相处，自然能创造一个没有压力、可以自由言论的家庭环境。在这样的家庭环境中，孩子受到家长式权威的约束较少，可以自由地表达心声，父母才能更多地听到孩子内心深处的声音，从而消除因封建家长式作风所造成的父母与孩子之间的沟通障碍。父母主动放下架子，与孩子像朋友一样自由商讨问题，这肯定是孩子所欢迎的。这样孩子自然更愿意与父母交流，较好地维系父母与孩子之间的正常沟通关系。

2. 保持民主的教育方法

把女儿当朋友对待，除了要让女儿言论自由，还需要保持民主的教育方法，才能真正和女儿做朋友，和女儿进行朋友式的交流。

一些父母在与女儿交流的过程中，总是摆出一副家长的面孔，居高临下。这样女儿与父母是无法进行正常交流的。无论是成人之间的交流，还是父母与孩子之间的交流，都需要平等相待，这样相互之间才能敞开心扉、畅所欲言，才能产生更好的交流效果。

父母与女儿交流的过程中，一定要以理服人，谁有理就听谁的，不一定女儿就要听父母的。父母如果只会用权威压人，这样培养出来的女儿要么变成只会听话的“庸才”，要么变成蛮不讲理的“蠢材”。

有些父母在女儿说错话时、对女儿的做法不满意时、女儿与自己争辩时，就会大发脾气。这样做只会使正常的交流中断，伤害孩子的自尊心，使孩子产生逆反心理。在与孩子交流时，父母首先要心平气和，不要指责谩骂，否则就不能和女儿正常沟通。

3．父母要扮演好三重角色

作为父母，在女儿面前的第一重角色是家长，负责家庭中的大小事务，掌握家庭的发展方向。第二重角色是老师，父母不仅要在生活上给女儿以支持，还要做好女儿的第一任老师，引导和培养女儿各方面的能力发展。第三重角色是朋友，把女儿当朋友来对待，这不只是角色换位的问题，也是父母由旧式家长转变成民主式家长的一个过程，同时为她创造一个具有现代民主家庭气息的生活和学习环境。

父母扮演好自己的三重角色，既能与女儿进行更有效的沟通，又能更好地与女儿相处。女儿在良好的家庭氛围中长大，会更加热爱自己、热爱生活。

4．不要把自己孩子同其他孩子比较

许多父母由于求好心切，常把自己家孩子和别人家孩子做比较，好让孩子懂得发愤图强，其实这只会产生反向效果，使孩子承受极大的压力与打击。每一个孩子都是不同的个体，都是独一无二的，但世俗的标准使许多孩子个别的特质遭到抹杀，就连亲生父母亲也无法给予正面的影响与保护，这不是很可悲吗？父母要相信自己的孩子，总有一天会走出自己的一片天空。

成长密钥

做女儿的好朋友是父母养育女儿过程中非常重要的一部分。在与女儿的互动和交流中，我们要始终保持耐心和理解，认真倾听她的心声。无论是她

的小烦恼还是大梦想，我们都愿意倾听，与她分享快乐，分担痛苦。我们要鼓励她勇敢地面对挑战，同时也支持她追求自己的梦想。在这个过程中，不仅增进了彼此的了解和信任，还能帮助她成为更加优秀的人。

礼貌经常可以代替最高贵的感情。

女孩，你的舞台你做主！

作为父母，我们要明白每个孩子都有自己独特的天赋和潜力，而鼓励女儿勇敢地展现自己，是帮助她建立自信、发展个性的关键。通过给予女儿足够的支持和鼓励，相信她会在未来的道路上更加自信、勇敢和出色。

女儿学弹钢琴已经好久了，但是一直没有参加过任何表演活动，也没有参加过比赛。其实我看得出她很有表演欲望，只是因为缺乏自信，所以才不敢主动。

想到如此下去女儿可能会失去自信，弹钢琴的技艺也不会得到提高，我很为她担心。正好，我们单位要组织文艺汇演，于是我建议全家合演一个节目，由女儿来弹钢琴，我和她爸爸合唱歌曲。

当我把这个想法告诉女儿时，她既兴奋又担心，我便趁机鼓励她好好练习，勇敢地表现自己。

在我们的帮助下，女儿选了一首适合合唱的曲子，然后和我们一起练习。有了我们的鼓励，女儿一直发挥得很不错。但是随着会演时间的临近，女儿的不自信又表现出来了。为了让她建立起自信，我请了亲戚到家里充当观众，让她先试演一次。在家人和长辈们的鼓励下，女儿鼓起勇气，和我们一起完成了第一次彩排。大家都表示很不错，给了女儿很大的鼓励。

会演那天，女儿表现出色，我们一家人收获了满堂喝彩。也是从那一天起，女儿有了自信心，不再害怕在别人面前演奏钢琴了。

教育札记

1．给孩子表现的机会

孩子都有表现自己的欲望。许多平时看起来不喜欢表现的孩子其实并不是不想表现自己，而是出于诸如自身条件不足无法和别的孩子竞争、没有合适的环境、得不到别人的赏识等客观原因，才没有表现自己的机会。父母应该相信孩子的能力，给他们创造机会。

当然，对于年龄稍小的孩子，我们做父母的总是这也不放心，那也不放心。因为孩子年龄小，我们似乎责无旁贷地要过去帮助他们，特别是当我们看见他们有困难时。这时，我们必须抑制这种冲动，因为我们习惯去帮助孩子，常常没有认识到这种帮助有时是没必要的，孩子早已掌握了技巧。当替孩子做完事后，我们经常会受到孩子们的抵制，他们会说："我自己来。"每个孩子在生命之初都有表现自己能力的欲望，如果他们有机会去表现、照顾自己、帮助父母，他们会为自己的能力而感到高兴。这样当孩子获得成长的机会时，他很自然地愿意去为自己做事情、为别人做事情。

2．鼓励孩子表现自己

鼓励是一种帮助，是一种奖赏。孩子有了成绩需要鼓励，遇到困难需要鼓励，考试失利需要鼓励，家长的鼓励是对孩子最好的奖赏。鼓励就是给孩子一个机会锻炼及表现自己的能力，让他知道自己的行为可以给自己和别人带来积极的影响。在鼓励的作用下，孩子会认识到自己的潜力，不断发展各种能力，成为生活中的成功者。

同时，鼓励也培养了孩子的自信心和坚韧不拔的精神，让他们在面对挑战时勇于尝试、不畏失败。在爱的包围与正面的肯定中，孩子学会了自我激励，将外界的支持转化为内在的动力，不断探索未知，挑战自我极限。这样的成长环境，不仅塑造了孩子积极向上的性格，更为他们未来的人生道路奠定了坚实的基础，让他们在任何领域都能发光发热，成就非凡。

3．保护孩子的表现欲

保护孩子的表现欲，就是保护孩子的自尊心和自信心。当孩子的表现欲以某种方式反映出来时，父母要给予理解、关怀和适当的鼓励，即使不能使孩子的表现欲付诸行动，父母也要表示赞赏、支持，然后给予解释，决不能对孩子的表现欲视而不见、充耳不闻，或者用一两句“你不行”“就你会瞎胡闹”之类的话语给孩子泼冷水，打击孩子的积极性。

因为每一次的肯定与鼓励，都是孩子心灵成长的阳光雨露，滋养着他们探索世界的勇气与热情。父母的耐心倾听与积极回应，能让孩子感受到被尊重与珍视，从而更加自信地展现自我，勇敢追求梦想。这样的教育方式，不仅保护了孩子的自尊心与自信心，更为他们铺设了一条通往成功与幸福的道路。

成长密钥

作为父母，鼓励女儿表现自己是养育过程中的重要策略。比如，鼓励她在课堂上积极发言，敢于发表自己的观点和想法；鼓励女儿在课外活动中展现自己的才华和兴趣；支持她参加各种兴趣班和社团活动，让她有机会展示自己的能力和魅力等。这些经历不仅能让她更加自信，也能锻炼她的组织和领导能力。

激活女孩内心小宇宙，重拾自信心

自信心是每个人做事成功的动力和源泉。当女儿面临挫折或困难时，父母应耐心倾听她的困惑和不安，引导她找到问题的根源，共同探索解决之道。父母的陪伴和引导，能够帮助女儿找回自信，拥有更好的心态。她会变得更加开朗、乐观，面对困难时也能够保持冷静和坚定。

女儿姗妮今年读小学四年级，学习非常努力，是我们的“宝贝”。她唯一的毛病是，常常会对自己没有信心。有时候，我让她帮忙去超市买点儿东西，她不敢去；有人来家里做客，她常常是一下子就溜进自己的房间再也不出来。

放学后，姗妮会很认真地写作业。她每做完一道题目，我都会去检查，做对了就有奖励，做错了就要重做。只有得到我的认可，才能做下一道题。快期中考试了，姗妮以为自己可以考得很好，我也以为她会考个好成绩，可结果却出人意料。

考试结束后，姗妮的心情很糟糕，我问她考得怎么样，她对我说道：“妈妈，我觉得那些题目比较容易，都是以前做过的。可是，我却不敢做。因为以前都是在你的确认下做的，可是现在没有你的确认，万一做错了，我该怎么办？所以我一直犹豫不决。做，又怕做错；不做，又不行。就这样，在我的犹豫不决下考试时间到了。考试结束了，我仍有很多题目没做完。”

听完女儿的话，我感到非常吃惊，没想到我的这种做法，让女儿没有了自信心。

考试结果出来，姗妮几门功课都不及格。从那以后，我便改变了教育方式，再也不帮她检查作业，慢慢地帮助她找回了自信心。

教育札记

1．父母要对孩子充满信心

德国家庭教育专家巴尔博士认为：教育孩子最重要的是不要轻视孩子。当孩子遭受挫折时，父母更应该对孩子报以绝对的信任。要是父母都对孩子失去信心，那么孩子就会失去支撑其信心“大厦”的重要支柱。

在巴尔博士的见解下，父母不仅是孩子成长路上的引路人，更是他们心灵最坚实的后盾。面对挫折，孩子的内心或许彷徨无助，但父母的信任如同灯塔，照亮前行的道路，给予他们重新站起来的勇气。这份信任，让孩子明白失败不过是成功的垫脚石，每一次跌倒都是为了更坚强地站起来。因此，父母应时刻铭记，自己的信任是孩子心中那座信心大厦不可或缺的基石，是推动他们不断前进的力量源泉。

2．让孩子客观地看待自己的优势与不足

当孩子遭受挫折时，失败的阴影往往会笼罩在孩子心头，这样孩子很容易被悲观的情绪所左右，会对自己进行全面否定，产生自卑心理。因此，家长要及时引导孩子学会客观地看待自己的优势和不足，这样可以避免孩子被不良情绪所误导，能有效地保护和恢复孩子的自信心。

3．正确评价孩子

当慢慢懂事后，孩子就开始认识自己，也很在意别人，特别是家长和老师对自己的评价。如果孩子从家长那里常常得到赞许、表扬和肯定，那么孩子就会认为自己是一个有能力的人，其行为会表现出积极、勇敢，而且情绪稳定，有很强的自信心。相反，如果家长对孩子的评价是否定的，孩子的行为经常受到家长的批评、训斥，他们便会认为自己是一个无能的人，变得无所适从，畏缩胆小，怀疑自己，否定自己，依赖性强，缺乏自信。

因此，父母要高度重视自己对孩子的评价，要多以积极、肯定的态度来

对待孩子。因为父母是孩子心目中的重要人物，他们的一些积极或消极的评价对孩子的志向、情感、行为会产生持久的作用。

4．相信孩子的能力并给予鼓励

自信心可使孩子不怕困难，积极尝试，奋力进取，取得更多的知识和经验，争取更好的成绩。鼓励、赞扬对增强孩子的自信心是很有益的。总之，父母对孩子要采取信赖、欣赏的态度，多说鼓励的话。父母的一声声赞许犹如一缕阳光，温暖孩子的心田。每一个孩子，不论其个性品质如何、成绩如何，无一例外地都渴望得到父母的重视、肯定，都渴望沐浴到鼓励、赞许的春日阳光，特别是那些对自己缺乏自信的孩子。孩子如果能经常得到父母的肯定和表扬，会使他们兴致盎然，信心百倍，情不自禁地向前努力，也能满足其潜在的争强好胜的欲望，增强其自觉学习的主观能动性。

成长密钥

帮助女儿重塑自信，父母可以设计一些能够让她体验到成功的小挑战。这些挑战既不能过于简单，让她失去兴趣，也不能过于困难，让她感到挫败。每当她完成一个挑战，父母对她多讲一些赞赏的话，让她感受到自己的努力得到了认可。父母还可以鼓励女儿参加一些能够锻炼她能力的活动，如演讲比赛、才艺展示等。这些活动不仅能够让女儿展现自己的才华，更能够帮助她在实践中提升自信。

做智慧父母，告别“唐僧式”育儿

在养育女儿的过程中，我们要避免成为唠叨的父母。因为，过多的唠叨和指责不仅无法帮助女儿更好地成长，反而可能让她感到压力和厌倦。避免过度唠叨，父母与女儿之间的关系会变得更加和谐和融洽，女儿也会更愿意与父母分享自己的想法和感受，也能更加自信和独立地面对生活中的困难和挑战。

女儿晚上放学回来，吃饭的时候，我像往常一样询问她当天在学校的学习情况，然后又提了当前考大学竞争有多么激烈，工作有多么不好找，让她把学习放在第一位，其他的事情少管一些。

但是，令我没想到的是，一向很听话的女儿这次却很不耐烦地打断我的话：“你们烦不烦啊，整天就会跟我说这些，你们除了学习还能关心点儿其他的事情吗？”被女儿这么一说，我顿时无语了，她爸爸看到女儿这样不知好歹，自然很生气，就打了她一巴掌。谁知，她竟然翻了一眼，丢下筷子饭也不吃就去学校上晚自习了。从这以后，女儿就以学习繁忙为由，连晚饭也不在家吃了，在学校上晚自习到很晚才回家，到家后就回自己房间，把房门一关然后看书。她还有意避开我们，要是我们跟她讲到关于学习的话，她不是心不在焉，就是发脾气走开。

我以为我们这样对她，完全是为了她好。可是我并没有意识到，这种行为是在伤害女儿。直到……

一天下午，我突然被女儿的老师叫到学校。在办公室里，老师当着女儿的面向我抱怨：你这个孩子是多么多么淘气……他甚至使用了很多难听的字眼，而我一听，又没有什么大不了的事儿。小孩子嘛，淘气一点儿很正常。事隔多年，我仍然觉得心痛，当时我女儿就站在一旁，老师就那样数落她，她吓得缩在墙角一个劲儿地哭！我们走了一路，女儿哭了一路，任我怎么安慰她也停不下来。这时候，我才意识到，唠叨对于孩子的伤害有多大。

教育札记

1. 正确把握孩子的心理状态

一般情况下，孩子的心理状态会不同程度地有所暴露。父母这时就要善于把平时对孩子的了解与他在谈话中的外部表现联系起来，细心观察孩子的神情、言语、注意力和习惯动作的变化等，从而正确把握孩子的心理状态。

2. 让孩子学会交流

当孩子怠惰、不专心读书，父母说教无效时，不妨停止语言的劝诫，改为行动，施以适当的处分，让他反省自己的过失。父母看到孩子有悔意就不要再过多加以指责。有过亲身教训后，孩子会改进的，父母还是少唠叨为妙。因为唠叨不是为了教育孩子，多半是家长为自己的辛劳找平衡。有些妻子对丈夫也是唠叨个没完没了，结果自己在家里辛辛苦苦，从早忙到晚，却在丈夫、孩子面前毫无威信，孩子稍大一些，就会看不起经常唠叨的母亲，这是做母亲的失败，也是许多母亲的悲哀。其实，正确的方法应该是找适当的时机，认真而亲切地指出孩子哪些地方做得不合适，应当怎样做才好。

3. 不要事事叮嘱

可以说，父母对孩子讲的话虽然多，但有许多话都没有讲到点子上。事无巨细，反复强调，搞得全家不得安宁，大人为孩子不听话而气愤，孩子在繁杂的环境里静不下心来学习。所以，父母要对孩子的学习、生活进行一些管理、指导，在对孩子有要求时，父母要尽量用简洁的、孩子可以听懂的语言，把事情的前因后果讲清楚，并提出具体的建议、指导，让孩子真正明白父母的意思，并允许孩子对此提出自己的意见和想法，然后再去做。

4. 降低期望

从心理学上分析，孩子是心理和行为的不成熟个体，父母必须对他们加以正确的指导和培养。但是，家庭教育中常见的问题是，父母对孩子寄予厚望，为了达成自己设定的目标，总是在孩子耳边不停地叮嘱、提醒。这种做法往往收效甚微，甚至适得其反，使孩子产生厌烦情绪，还容易挫伤他们的自信心和自尊心。

成长密钥

聪明的父母从不会在女儿耳边唠叨应该做什么，不应该做什么，而是会尊重女儿的选择和决定，放手让她去做。每个孩子都需要一定的自主权和独立性，这样才能更好地发展自己的个性和潜力。不过，在女儿遇到问题时，父母要耐心地倾听她的想法和困惑，然后给予其有针对性的建议和指导。

情商大作战，智斗任性小公主

父母养育孩子，尤其是面对任性的女儿，是一项既充满挑战又富有成就感的任务。面对女儿的任性，父母首先要保持冷静和耐心，避免与她发生正面冲突。同时，尝试站在她的角度理解她的情绪和需求，与她进行平等而深入地沟通。通过倾听和理解，父母会发现任性行为背后往往隐藏着她的不安和焦虑。

女儿自小便被爷爷奶奶宠坏了，有时候，一任性起来便没完没了。为了改掉她的这个缺点，我和丈夫经常会采取一些措施。

午饭时间到了，女儿非要吃果冻不可，我拒绝了她，她就大声哭闹起来。我给丈夫使个眼色，我们先后走进里屋，把她一个人留在客厅。开始，她仍然大声哭喊："给我果冻！"过了一阵，哭声低了下来，又过了一会儿，听不见声音了。我们出来一看，她正在那儿玩手指呢！后来，我和丈夫有了默契：每当她任性哭闹时，我们照旧做自己的事，不理她，事后再给她讲道理。

又有一次，女儿从幼儿园回到家时，我正在赶一篇文章。她凑过来闹着要我给她讲故事，给她讲道理也不听，我有点儿火了。女儿一开始默默地流泪，见我没理她，就哭起来，怎么哄也哄不住，闹腾了半天，最后还是给她讲了个故事才算罢了。我静下心来想想，觉得很对不起女儿：她一天没见到妈妈了，我怎么就舍不得拿出点儿时间来满足她的合理要求，非要等她耍性子后才满足她呢？以后，我通常会认真满足她的一些合理要求。实在太忙的时候，就不等女儿提出要求，我先对她提出请求。这样，女儿觉得受到了尊重，很少再跟我犯拧。

教育札记

1. 事先沟通好

孩子的任何行为都可以找到一些基本的规律，多数异常情况都发生在有特殊需求时。掌握了女儿任性的规律后，用事先“约法三章”的办法来预防任性的发作。如女儿上街总是哭闹着让父母抱，那在出去之前就要与女儿约定好规则；如果是给她买她期待的玩具或食物，也要先说好买什么东西，而不是女儿要什么就买什么，最好根据实际和需要，或者根据孩子的愿望买合适的东西，而不是完全满足其欲望，要让女儿懂得克制自己。

2. 不要放任孩子的任性

任性是孩子普遍存在的问题，如果我们放任她的任性，将会影响她的人际交往，因为任性的人很难与同伴友好合作、分享、协商。同时，任性的人也容易孤独，难于合群，难以适应集体和社会生活，也会使其故步自封。如果形成了这种不良的习惯，将会使孩子陷入偏执的泥潭。

当她任性时，父母还可以转移她的注意力。对于已经形成任性性格的孩子，父母要善于调控和引导。在预测到她可能要任性时，主动地转移她的注意力。但是，千万不能向她妥协。因为有了第一次妥协，就必定会有第二次、第三次。久而久之，她就会越发任性。

3. 实行冷处理

对于正在任性的女儿，父母首先不要一个劲儿地哄，也不要发火，可以对她采取冷处理的方式——不理她，任她发泄情绪。等她情绪稳定之后，你再和她讲明道理，让她明白无理取闹是没有用的。

这样的处理方式，既体现了父母的冷静与智慧，也给予了孩子自我反省的空间。在冷处理的过程中，孩子会逐渐意识到自己的情绪管理问题，学会自我控制。随后，父母的耐心沟通与引导，则像一缕温暖的春风，吹散了孩子心中的阴霾，让她在理解与尊重中明白，合理表达需求与情感才是解决问题的正确方式。这样的教育方式，有助于培养女儿更加成熟、理智的性格，为她的未来成长奠定坚实的基础。

4. 采取强化法

当女儿刚开始任性时，父母可以引用乖巧孩子的事例引导她克制自己的情绪，这样有利于调动女儿自己克服任性的积极性，提高她控制自己情绪的能力。父母还可以在女儿任性时或任性后，对其任性给予一定的批评或惩罚，让她感到父母的严格要求，使她认识到任性是一种错误行为。

同时，父母也要注重情感的沟通，让孩子感受到爱与关怀，明白任性并非解决之道，而是需要理解、沟通和相互尊重。通过这样的教育方式，女儿会逐渐成长为情绪稳定、善解人意的孩子。

成长密钥

父母设定明确的规则和奖惩机制，有利于培养女儿的自律和合作能力。同时，还应给予女儿足够的自由和空间，让她在探索中成长。这样，女儿不仅能学会如何应对任性的情绪，还能逐渐培养出独立解决问题的能力。如此，通过父母持续地努力和智慧的引导，一定能够培养出健康、快乐、有责任感的女儿。